세종대왕님 세금이 뭐예요?

어린이를 위한
교과서 속 경제 이야기

오기수 지음

세종대왕님 세금이 뭐예요?

미래문화사
MIRAE

1장
세금이 뭐예요?

세금은 어떻게 탄생했을까요? · 14
- 나라를 운영하는 비용
- 기원전 4000년, 점토판에 그려진 벼 이삭

조선 시대 세금 관리법 · 18
- 쌀과 노동과 특산물
- 가장 중요한 '쌀'
- 세금을 받아 쓰는 왕과 관리

 일본에서 전해진 말 '세금' · 23

그때그때 계산이 달라요 · 26
- 한계가 있는 '답험손실법'
- 자 대신 농부의 손가락으로

관리들의 부정부패 · 33
- 뇌물을 받은 관리들
- 말과 되를 속이고
- 공물의 부담까지 졌던 백성들

 효령대군의 하인들에게 벌을 내린
세종대왕 · 38

2장
들쭉날쭉
세금 법,
고통받는 백성들

3장

세금 법을 새로 만들기까지

| 세종대왕의 큰 결심 · 42 |

- 해결되지 않는 세금 문제
- 조선에 필요한 세법을 만들고자

| 양반과 백성의 의견을 들었어요 · 48 |

- 과거 시험의 주제 '공법'
- 대신부터 일반 백성까지
- 찬성이 많았지만
- 역사상 유일한 세법 여론조사

| 여러 가지 방법을 썼어요 · 57 |

- 주척, 어디서든 공평하게
- 말과 되의 표준을 정했어요
- 연분을 정했어요
- 강우량을 정확하게 측정했어요

 백성의 구제를 위한 의창 제도 · 70

4장
나라와 백성에게 이로운 세법

민주적인 방법을 쓴 세종대왕 · 74

- 섣불리 시도하지 않고
- 17년간 관리들과 논의했어요
- 양보와 타협으로 완성된 공법

조선식 공법의 탄생 · 81

- 편리하고 공평한 공법
- 논밭의 비옥도를 따졌어요
- 풍흉에 따라 고을별로 등급을 나누었어요
- 백성에게 편리하고 공평한 세금 법

 **심화정보** 백성을 사랑하는 세종대왕의 말, 말, 말 · 90

5장
이런저런 세금 감면법

나라에 공을 세운 사람들 · 94

- 다양한 방법으로 세금을 줄인 세종대왕
- 나라의 모범이 되는 효자
- 질병을 없앨 온천을 발견하는 사람
- 함경도와 평안도의 이주민

어려운 처지에 놓인 사람들 · 102

- 도움이 필요한 사회적 약자
- 전쟁 중에 죽은 병사의 가족
- 외적을 방어하고 성을 쌓는 백성

 심화정보 왜구에 대처하는 세종대왕의 자세 · 106

이야기를 시작하며

1397년 5월 15일 조선 제3대 왕 태종의 셋째 아들인 충녕 대군이 태어났어요. 충녕대군은 어려서부터 총명했어요. 아버지 태종과 여러 신하들의 기대를 받으며 성장했지요.

태종은 첫째인 양녕대군에게 왕위를 물려주려고 했어요. 하지만 양녕대군이 여러 차례 말썽을 일으켰지요. 고민 끝에 태종은 셋째 아들인 충녕대군을 후계자로 임명했어요. 이 충녕대군이 바로 세종대왕이에요. 한글을 창제하고 수많은 업적을 세우며 조선의 첫 전성기를 누리게 한 왕이지요. 세종대왕은 1418년 22세의 나이에 왕위에 올라 약 30년간 조선을 다스렸어요.

세종대왕은 왜 한글을 만들었을까요? 그건 모든 백성이 편히 쓸 수 있는 문자를 만들고 싶었기 때문이에요. 당시 한문은 배우기가 어려워서 양반만 사용했거든요. 온종일 농사를 해야 하는 평민은 한문을 익힐 시간이 없었어요. 그렇다 보니 평민은 문자를 쓰지 못했어요. 그래서 세종대왕은 쉽게 익혀서 누구나 쓸 수 있는 문자를 만든 거예요. 백성을 사랑하는 마음이 없었더라면 한글은 나오지 못했겠지요.

세종대왕이 백성을 아끼는 마음으로 고친 제도가 또 있어요. 그게 '공법'이에요. '공법'은 쉽게 말해 나라에서 세금을 거두어들이는 법이에요.

세종대왕은 공법을 수정하느라 무려 25년 동안 머리를 싸맸어요. 신하들과 17년 넘게 토론을 벌였고 조선 최초로 여론조사를 실시했지요. 양반과 백성 모두의 의견을 아우르기 위해서였어요.

그런데 왜 하필 세금 제도였을까요?
조선 시대에는 백성이 농사지어 일군 쌀이나 콩과 같은 곡식으로 세금을 거두어들였어요. 그렇지 않아도 백성들은 먹을 것이 부족한데 거기서 일부를 나라에 바쳐야 했어요. 게다가 관리들은 부정부패를 일삼았어요. 세금을 무리하게 거두어서 백성의 생활을 힘들게 했지요. 백성들은 가난에 시달렸어요.

이런 행태를 보고 세종대왕은 공평한 세금 제도를 마련하기로 마음먹었어요. 백성에게서 세금을 적게 거두면서도 공평한 법, 관리가 백성으로부터 부정을 저지르지 못하게 하는 법을 만들고자 했어요.

1450년, 세종대왕이 세상을 떠나고 신하들은 《세종실록》에 다음과 같이 세종대왕을 평가했어요.

"지혜로움이 하늘 같으셨고, 옳고 그름을 가리시는 데 옛일을 스승 삼으셨으며, 묻기를 널리 하시와 알맞은 것을 쓰셨습니다. 음악을 만드시고, 예법을 정하셨으며, 토지의 경계를 바르게 하여 세금을 고르게 하셨고, 부역을 가볍게 하시고 공물을 적게 내게 하셨습니다. 감옥에 갇힌 사람을 불쌍히 여기셨고, 뽕나무 심기와 농사를 권장하였으며, 늙은 사람을 잘 부양하시고 곤궁한 사람을 은혜로 새롭게 하셨습니다."

《세종실록》 (32년 2월 22일)

부역은 백성이 나라를 위해 의무로 바쳐야 하는 노동을, 공물은 백성이 내야 할 세금의 종류를 뜻해요. 역사도 인정하고 있어요. 세종대왕이 백성의 생활에 맞게 세금 제도를 바꾸었다는 사실을 말이에요.

우리는 훈민정음에 대해서는 잘 알아요. 하지만 세종대왕이 바꾼 '공법'에 대해서는 모르지요. 이 책은 그동안 우리가 잘 알지 못했지만 소중한 세종대왕의 세금 이야기를 알리기 위해 쓰였어요.

또한 이 책은 《세종실록》에 있는 내용을 바탕으로 엮었어요. 《세종실록》은 세종대왕의 재위 기간인 1418년 8월부터 1450년 2월까지 31년 7개월간의 나라 정치에 관한 역사를 담은 기록물이에요.

여러분이 이 세금 이야기를 통해 세종대왕을 다시 한번 생각하는 시간이 되길 바라요. 세금은 역사로 남아 있는 것이 아니라 현재 우리의 생활에서도 소중하니까요.

이야기를 시작하며

1장

세금이 뭐예요?

세금은 어떻게 탄생했을까요?

나라를 운영하는 비용

원시 시대에 사람은 혼자 살기가 어려웠어요. 사람은 치타처럼 달리기가 빠르지도 않았고 사자처럼 날카로운 이빨이 있지도 않았어요. 외부의 위협으로부터 자신을 보호할 힘이 부족했지요.

그래서 사람들은 모여 살기 시작했어요. 무리를 이루면 무서운 짐승으로부터 자신을 보호할 수 있었거든요. 또 힘을 합하면 어려운 일도 거뜬히 해냈어요. 거대한 동물을 사냥해서 다 함께 나누어 먹었어요.

무리지어 사는 사람들은 여기저기 떠돌아다니며 지냈어요. 그러다 점차 어딘가에 정착하기 시작했지요. 예전에는 돌아다니면서 먹을거리를 구했다면, 이제는 씨앗을 심고 가축을 기르면서 먹을거리를 스스로 생산했어요. 그렇게 구한 식량이 남아 저장하기까지 했어요. 이런 무리가 커지면서 '국가'라는 개념이 생겨납니다.

낙안읍성은 왜구의 잦은 침입을 막기 위해 1397년(태조 6) 절제사 김빈길이 흙으로 쌓은 성입니다. 이러한 성을 짓는 데도 세금이 필요하였습니다.

그런데 크고 작은 문제가 생겼어요. 사람들이 다른 사람의 것을 빼앗기 시작한 것이지요. 남의 집 식량을 훔치거나 다른 국가를 침략해 토지와 사람을 빼앗아 버리는 일까지 발생했어요.

나라에선 이런 문제를 해결하기 위해 사람을 고용했어요. 관리를 두어 나라를 효율적으로 다스리게 했고, 군사를 두어 성벽을 지키도록 했어요. 덕분에 백성들은 편히 지내게 되었지요.

그러나 해결할 점이 또 있었어요. 관리와 군사들에게 봉급을 줘야 했어요. 이들은 농사를 짓거나 가축을 키워 먹을거리를 마련할 시간에 나라를 운영하거나 지켰으니까요. 관리와 군사 말고도 나라를 운영하기 위해 사람들이 필요했어요. 성을 쌓기 위해, 다리를 새로 짓기 위해 노동자를 구해야 했어요. 이 모든 사람에게 마땅한 대가를 지급해야 했어요.

포졸은 지금의 경찰처럼 치안을 유지하고, 도적·화재 예방을 위해 순찰 등의 일을 맡아 백성을 평안하게 하였습니다.
김홍도의 〈부벽루 연회도〉 국립중앙박물관 소장

나라에서는 이런 비용을 백성에게서 거두었어요. 그게 바로 '세금'이에요. 나라를 운영하기 위해 나라에서 국민에게 거두어들이는 돈을 뜻하지요.

기원전 4000년, 점토판에 그려진 벼 이삭

세금이라는 개념은 아주 오래전에 나왔어요. 세계에서 가장 오래된 세금기록은 기원전 4000년경의 메소포타미아에서 발견된 점토판이에요.

당시 메소포타미아 지방에선 세금이 점점 많아졌어요. 일일이 기억할 수 없을 정도였지요.

메소포타미아 지방의 부족장은 고민 끝에 무엇인가를 점토판에 기록하기로 했어요. 쌀은 벼 이삭 모양으로, 황소는 황소 머리로 그리기로 약속했지요. 그래서 점토판만 보면 누가 쌀을 얼마나 냈고, 현재 창고에 쌀이 얼마나 남아 있는지 등을 알 수 있었지요.

우리나라에서 가장 오래된 세금 기록은 기원전 300년경에 쓰인 《맹자》라는 책에 있어요. 이 책에 나오는 두 인물의 대화에서 알 수 있어요.

책에서 어떤 인물이 맹자에게 "나는 세금을 20분의 1만 받으려 하는데 어떻겠습니까?"라고 묻자, 맹자가 "그것은 맥의 방법이오."라고 답했어요. 여기서 '맥'은 '고조선'을 말하지요. 우리나라에선 세금의 개념이 고조선 때부터 도입되었던 셈이에요. 나중에 세종대왕 역시 수확한 곡식의 20분의 1을 세금으로 받았어요.

세금을 거두었다는 기록은 신라 시대에도 남아 있어요. 1933년 정창원(일본 왕실의 유물 창고)에서 815년경 통일 신라 시대의 문서인 〈신라정적〉이 발견되었어요.

〈신라정적〉에는 서원경(지금의 청주) 근처 4개 촌락에 대한 정보가 나와 있어요. 촌락별로 인구부터 과일나무, 삼밭, 가축 수까지 섬세하게 표시되었어요. 거기다 더해 3년 동안 어떻게 달라졌는지에 대해서도 기록되었지요. 그 당시 우리나라가 세금을 어떻게 걷었는지 엿볼 수 있어요.

조선 시대 세금 관리법

쌀과 노동과 특산물

조(논밭 : 조세)

용(신체 : 부역)

조(호 : 공물)

> 논밭이 있으면 조세가 있고, 몸이 있으면 부역이 있으며, 집이 있으면 공물이 있다.
> 《세종실록》(28년 4월 30일)

조선 시대 때 세금 걷는 방법을 알려 주는 말이에요. 오늘날에는 세금을 돈으로 내요. 하지만 조선 시대에는 세금을 내는 방법이 달랐어요. 그때는 화폐 거래가 발달하지 않았거든요. 조선 시대의 세금은 크게 세 가지로 이루어졌어요. 조세, 부역, 공물이에요.

조세란 논밭에서 수확한 곡식으로 내는 세금이에요. 조선 시대는 농경 사회였어요. 경제 활동의 주된 일이 농사였지요. 양반이나 상민이나 땅이 있는 모든 사람은 조세를 바쳐야 했어요. 백성들은 쌀과 콩과 같은 곡식을 직접 관청으로 들고 가서 냈어요.

조선 시대에는 돈이 아니라 논밭에서 생산된 쌀과 콩으로 세금을 거두었습니다.
사진 국세청 조세박물관

부역은 국가에서 사람의 노동력을 나랏일에 쓰는 것이에요. 16세부터 60세까지의 남자는 부역을 져야 했어요. 이 부역은 베나 무명 등 옷감으로 대신할 수 있었어요.

'공물'은 조선 시대에 걷는 세금의 한 종류로 각 고을마다 그곳의 특산물을 나라에 바치는 것을 말합니다.
사진 국세청 조세박물관

마지막으로 공물은 각 지역의 특산물을 나라에 바치는 세금이에요. 각 지역에서 특별히 많이 생산되는 물건을 특산물이라고 해요. 그런데 공물은 주어진 양만큼 채우기가 어려웠어요. 백성들은 농사일과 부역으로 이미 많은 시간을 써야 했으니까요. 조선 후기에 이르러 대동법을 시행하면서 공물은 특산물에서 쌀로 바뀌었어요.

가장 중요한 '쌀'

> 나라는 백성을 근본으로 삼고, 백성은 먹는 것으로 하늘을 삼는다.
>
> 《세종실록》 (26년 윤7월 25일)

세종대왕은 나라에서 가장 중요한 것이 백성이며, 백성은 식량을 가장 소중하게 여긴다고 생각했어요. 조세, 부역, 공물 중에서 가장 비중이 높은 것도 곡식으로 바치는 조세였어요.

사실 조세는 백성들에게 만만치 않은 일이었어요. 우리나라는 산이 많아요. 농사를 지을 만큼 평평한 땅이 비교적 적지요. 거기다 태풍이 불어 닥치거나 가뭄이라도 오면 먹을거리가 부족할 수밖에 없어요. 그래서 백성들은 농사가 잘 되지 않으면 굶은 일이 허다했어요. 조세는 정해져 있으니까요.

자기 소유의 땅이 없는 농민들은 양반 관리의 논밭을 빌려 그 땅에 농사를 지었어요. 이들은 땅을 빌린 대가로 수확된 곡식의 최고 30퍼센트를 바쳤어요. 양반에게 곡식을 주고 나면 남는 것이 적어 먹고살기가 빠듯했지요.

큰 밥그릇에 밥을 먹는 사람들의 모습에서 '백성은 먹는 것으로 하늘을 삼는다'는 것을 느낄 수 있습니다. 그 당시 어른은 하루에 쌀 2되 이상의 밥을 먹었습니다.
김홍도의 〈점심〉

조선 시대에는 양반집에서 소작인에게 논밭을 나누어 주고 마름을 보내어 관리하게 하였습니다. 마름은 소작인으로부터 소작료를 징수하여 이를 양반에게 상납하는 일을 하는 사람입니다.
김홍도의 〈타작〉

세금을 받아 쓰는 왕과 관리

 백성에게서 거두어들인 세금은 주로 왕과 관리에게 쓰였어요. 이들은 나랏일을 보면서 농사까지 지을 시간이 없었어요. 최고 통치자인 왕은 나라를 다스렸고, 관리와 군인은 왕의 명령에 따라 업무를 맡았어요.

 우선 세금은 왕실로 들어갔어요. 궐에는 왕만 사는 게 아니라 왕비, 세자, 공주, 왕을 보필하는 궁녀 등 수많은 사람이 살았어요. 이들에게 필요한 돈이나 물건을 세금에서 마련했지요.

 또한 세금은 관리와 군인에게 봉급으로 쓰였어요. 이때는 봉급을 '녹봉'이라고도 불렀지요. 관리와 군인은 주로 쌀이나 보리와 같은 곡식을 받았어요. 아니면 명주와 베 같은 옷감이나 돈으로도 받았고요.

세종대왕이 세자와 대신 및 좌우군을 이끌고 강원도 평강에서 무예를 강습하는 광경.
〈강무도〉 세종대왕기념사업회

심화 정보
일본에서 전해진 말 '세금'

옛날부터 '세금'이라는 단어가 쓰이진 않았어요. 우리나라 역사서인 《삼국사기》, 《삼국유사》, 《고려사》 등 그 어느 문서에도 세금이라는 말을 찾아볼 수 없지요.

예전에는 세금을 '조세'라고 불렀어요. '조세'는 삼국 시대부터 사용한 단어예요.

또한 세금을 '세전(稅錢)'이라고도 불렀어요. 《고려사》나 《조선왕조실록》에는 세금을 뜻하는 말로 세전이라는 단어가 적혀 있어요.

'세금'이란 명칭은 강화도조약을 맺은 이후에 쓰이기 시작했어요. 강화도조약은 1876년, 우리나라에서 일본의 힘에 굴복해 맺게 된 조약이에요. 일본에게 유리한 내용이 들어가 있는, 불평등한 조약이지요.

그해 우리나라는 일본과 '조선의 여러 항구들에서 일본인들의 무역 규칙'이라는 조약을 맺었어요. 그 조약에 우리나라 역사상 처음으로 '세금'이라는 단어가 쓰였어요. 이 조약의 내용이 〈고종실록〉에 수록되면서 세금이라는 단어가 우리나라 문헌에 처음 등장하지요.

우리나라에서 쓰인 역사만 두고 보면 '조세'라는 단어는 2000년인데 비해, '세금'은 140년밖에 되지 않았어요. 지금의 세금은 '조세로 바치는 돈'을 의미해요. 세금은 일본으로부터 반강제적으로 수입된 단어예요.

1장 세금이 뭐예요?

2장

:

들쭉날쭉 세금 법, 고통받는 백성들

그때그때 계산이 달라요

한계가 있는 '답험손실법'

조선을 세운 태조 이성계는 '답험손실법'에 따라 세금을 걷었어요. 중국의 세금 법에서 아이디어를 얻어 조선에 맞는 세금 법을 만들었지요.

답험손실법은 '답험법'과 '손실법'을 합쳐 부른 말이에요. '답험법'은 한 해의 농사 작황(농작물이 잘 되고 못 되고의 상황)을 현지에 나가 조사해 등급을 정하는 것이에요. 관리가 직접 논밭으로 나가 농사가 잘되었는지 못 되었는지를 자신의 눈으로 직접 확인했어요.

이렇게 정해진 등급에 따라 일정한 비율로 조세를 감면해 주는 것이 손실법이에요. 손실이 10퍼센트씩 증가할 때마다 세금을 10퍼센트씩 덜어 주었어요. 수확이 80퍼센트 이상 감소하면 세금은 모두 면제시켜 주었지요. 흉년이 들어 수확물이 없을 때 농민의 고충을 덜어주기 위해서였지요. 조선의 2, 3대 왕도 이 제도를 이어받았어요.

이 법에 따라 세금은 수확량의 10분의 1로 논은 1결에 쌀 30말, 밭은 콩 30말을 거두었어요. 수확량이 작년에 비해 적으면 그만큼 세금을 덜어 주었고, 관리들이 직접 나가서 확인한다니 답험손실법은 겉으로 보아선 공정해 보이는 법이었어요.

〈답험〉
관리들이 들에 나가서 벼의 수확량을 조사하고 있습니다.

그러나 답험손실법에는 한계가 있었어요. 조사를 나오는 관리와 하인들이 농사에 대한 지식이 부족했어요. 정확히 면적을 조사할 수 없었고, 관리의 부정부패가 심해서 법이 제대로 지켜지지 않았지요. 관리들이 수확량을 마음대로 조작해도 티가 나지 않았으니 이 법은 가난한 백성들의 원망을 샀어요.

나라에선 유능한 경차관을 지방에 보내 세금을 매기도록 지시했어요. 경차관이란 조선 시대에 특수한 임무를 받아 파견된 관리예요. 해마다 곡식이 제대로 거두어졌는지 직접 살펴 조세를 매기는 임무를 맡았어요.

그러나 경차관 역시 세금을 정확하게 계산하기 어려워했어요. 도별로 경차관 2~4명이서 드넓은 땅을 다 조사해야 했으니까요. 땅의 면적도 넓은 데다 사람마다 조사하는 방식이 제각각이었어요. 동쪽과 서쪽에서 계산한 수치가 다르게 나오기도 했지요. 심지어 경차관이 세금을 거짓으로 보태어 꾸미는 일도 벌어졌어요.

이에 대해 실록에서는

> 백성의 살림이 날로 어려워져서 원망이 조정에 미칩니다.
> 《태종실록》 (11년 8월 12일)

라고 기록되어 있어요. 부정확한 세금 계산으로 농민들의 부담은 커져갔어요.

세종대왕이 공법을 만들기 전까지는 각 고을의 논밭은 비옥도에 따라 상중하로 나누는 3등전법으로 1결의 넓이를 측정했어요. 그래서 척박한 논밭인 하등전 1결의 면적은 비옥한 상등전 1결의 면적보다 2.26배나 더 넓었어요.

그 당시 세금은 수확량의 10분의 1이었어요. 1결의 세금으로 논은 쌀 30말, 밭은 콩 30말을 거두었지요. 각 1결에 생산된 수확량은 모두 쌀 또는 콩 20석(300말)으로 같았으니까요.

비탈진 밭에서 소를 이용하여 밭갈이하는 모습. 조선 시대에는 이 비탈진 밭에서 수확된 곡식에 대해서도 세금을 거두었는데 액수를 정하는 것이 어려웠습니다.
17세기 윤두서의 〈경답목우도〉

자 대신 농부의 손가락으로

백성들은 곡식, 노동력, 특산물로 세금을 바쳤어요. 그런데 백성들에겐 세금을 내는 일이 무척 힘겨웠어요. 법이 체계서으로 마련되어 있지 않았거든요. 그러니 세금을 매기는 방식이 불공평할 수밖에 없었어요.

논밭의 수확량에 따라 세금을 거두려면 먼저 논밭의 넓이를 정확히 알아야 해요. 그러려면 자처럼 정확한 수치를 알 수 있는 도구를 사용해야 하지요.

하지만 세종대왕 이전까지는 농부의 손가락 마디를 이용했어요. 농부의 손가락 마디를 이용한 자를 수지척이라고 불러요. 지금 생각하면 참으로 어리석은 일이지요. 사람마다 타고난 손가락의 굵기는 제각각이에요. 그러니 논밭의 넓이를 정확히 측정한다는 것은 불가능했어요.

당시 조선에서는 왜 자를 이용하지 않았을까요? 지금은 문구점에 가면 저렴한 값에 자를 살 수 있어요. 하지만 그때 당시에는 자가 흔한 물건이 아니었어요. 그래서 궁여지책으로 자 대신 농부의 손가락 마디로 땅을 재게 된 거예요.

실록에 따르면 관아에서는 세종대왕에게 이렇게 보고했어요.

> 고려 시대로부터 오로지 논밭의 구분을 상, 중, 하 3개 등급으로 하는 것을 법으로 정해왔습니다. 농부의 손가락 2개로 열 번을 재서 상등전의 자로 삼았습니다. 손가락 2개로 다섯 번 재고, 또 손가락 3개로 다섯 번을 재서 중등전의 자로 삼았지요. 또한 손가락 3개로 열 번을 재서 이를 하등전의 자로 삼아 1결의 넓이를 계산했습니다. 1결에 거두는 세금은 모두 30말을 받고 보니, 3개 등급의 세금의 차이가 그리 많지 않습니다.
>
> 《세종실록》 (12년 8월 10일)

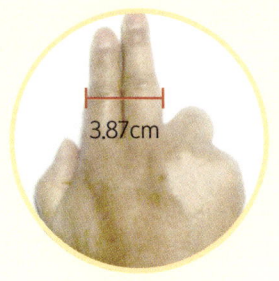 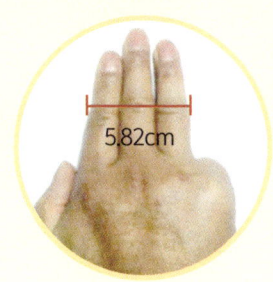

수지척은 논밭의 넓이를 측정하기 위해 손가락 마디의 너비를 기준으로 하는 '손으로 만든 자'입니다. 논밭의 등급에 따라 적용하는 1자의 길이는 다음과 같이 달랐습니다.

① 상전척 : 손가락 2개로 열 번 재어 1자로 하며, 약 38㎝입니다.
② 중전척 : 손가락 2개로 다섯 번 재고, 손가락 3개로 다섯 번 재어 1자로 하며, 약 48㎝ 입니다.
③ 하전척 : 손가락 3개로 열 번 재어 1자로 하며, 약 58㎝입니다.

여기서 결(結)은 세금을 계산할 때 쓰는 논밭의 면적 단위예요. 이렇게 결로 논밭의 면적을 계산하는 방법을 '결부법'이라고 부릅니다.

1결의 수확량이 같도록 논밭의 크기를 달리 매겼어요. 상등전은 수확량이 가장 많은 기름진 논밭을, 하등진은 수확량이 가장 적은 척박한 논밭을 뜻해요. 상등전과 하등전 사이의 논밭을 중등전이라고 했지요. 여기서 '전'은 모두 '밭 전(田)'를 써요.

상등전은 농부의 손가락 2개로 열 번을 재어서 1자로 정했어요. 중등전은 손가락 2개로 다섯 번 재고, 또 손가락 3개로 다섯 번을 재어서 1자로 했고요. 하등 논밭은 손가락 3개로 열 번을 재어서 이를 1자로 지정했어요. 1자의 길이를 논밭의 등급에 따라 다르게 한 셈이지요.

그렇게 되면 상급, 중급, 하급 논밭을 측정하는 자의 길이는 각기 20 : 25 : 30의 비율이 돼요. 당시 조선에서는 면적은 다르지만 1결의 수확량은 같다고 여겨 동일한 세금을 거둔다고 본 것이지요.

결부법

결부법은 우리나라 특유의 토지 제도예요. 수확량을 기준으로 논밭의 1결 면적을 정하는 방법이에요.

우리나라는 평야 지역이 적고 산간 지역이 많아요. 그에 따라 논밭의 수확량의 차이도 심했어요. 이런 지리적 특성을 감안해 우리나라에서 공평하게 세금을 거두기 위해 결부법을 이용했어요.

1결의 면적이 달라도 논밭의 비옥도에 따라 수확량은 같았어요. 그렇기 때문에 세금을 일일이 계산하지 않고 매년 동일한 세금을 거두게 한 것이지요. 곡식단의 손 한줌을 1파, 10파를 1속(묶음), 10속을 1부(짐), 100부를 1결이라 불렀어요.

1파　　　　1속　　　　1부　　　　1결

관리들의 부정부패

뇌물을 받은 관리들

앞에서도 말했지만 가난한 백성들은 논밭을 돈 많은 양반에게서 빌렸어요. 추수한 식량의 일부를 양반에게 주고, 거기서 또 일부를 세금으로 바쳤어요. 그러느라 백성들은 배를 곯기 일쑤였지요.

게다가 관리들은 자기들의 잇속만 채웠어요. 법에 정해진 세금보다 더 많이 거두는 경우가 잦았지요. 더욱이 관리들이 세금을 거둘 때 따라 다니는 하인들까지 행패를 부렸어요.

관리들이 제멋대로 굴 수 있었던 이유는 따로 있었어요. 실록에 따르면 조정 대신들은 이렇게 판단했어요.

조선 시대 탐관오리는 세금을 거두면서 뇌물을 받고, 음식을 접대받아 자기의 배를 불렸습니다.
〈고기굽기〉 작자 미상 국립중앙박물관 소장

추수기의 논밭을 자세히 조사하여 등급을 매길 때에는 으레 시골에 거주하는 사람을 심판관으로 삼게 됩니다. 이들은 지식이 부족하여 세금을 알지 못합니다. 어리석은 의견으로 농작물의 결실을 함부로 헤아리기도 하고, 혹은 친분에 따라 세금을 더하거나 줄이기도 합니다. 또 따라다니는 하인들의 접대비가 모두 민간에서 나옵니다. 심판관들은 논밭 사이의 길을 달리면서 백성들이 사는 동네를 소란스럽게 합니다. 그 논밭을 경작하는 사람은 술과 음식을 싸 가지고 여러 날 동안 기다려 대접하면서 다투어 후하게 먹여 간청하여 후하게 보아주기를 바라고자 합니다. 이러니 명목 없는 비용이 일정한 세금의 수량에 가깝게 되었습니다. 관청과 민간에 이롭지도 못하고 여러 해 동안의 큰 폐단이 되었습니다.

《세종실록》(18년 10월 5일)

　　청렴하지 못한 관리가 세금을 거두기 위해서 논밭을 조사하려 나오면, 농사짓는 백성들은 술과 음식을 싸 가지고 여러 날 동안 기다려 대접했어요. 그러면서 세금을 줄여달라고 간청했지요. 잘못은 관리가 했는데, 도리어 그런 관리에게 굽실거려야 하는 지경이었어요.

사정이 이렇다 보니 백성들이 관리를 접대하면서 들어간 비용이 법에 따라 내야 할 세금보다 훨씬 많았어요. 백성들의 세금 부담이 두 배로 늘어난 셈이지요.

말과 되를 속이고

세금을 거두는 방법 자체가 체계적이지 않으니 관리들은 마음대로 세금을 부풀려 계산했어요.

'말과 되'는 조선 시대에 곡식의 수량을 재는 단위였어요. 쌀과 콩 같은 곡물로 세금을 거두는 조선 시대에선 매우 중요했지요. 그런데 관리들은 세금을 거두면서 규격화된 말과 되를 쓰지 않았어요. 임의로 만든 말과 되를 사용해 세금을 더 많이 거두었어요.

관리들은 이런 방식으로 곡식을 더 많이 빼앗아갔어요. 백성들은 그들의 잘못을 알면서도 울며 겨자 먹기 식으로 세금을 바쳐야 했지요.

조선 3대 왕 태종 때에는 이런 꼼수를 부리다 귀양 간 관리가 있었어요. '박지'라는 관리는 1407년에 세금을 거두면서 표준 규격의 말과 되를 쓰지 않았어요. 각 관청의 말과 되를 마음대로 조작했지요. 세금을 거둘 때마다 한 말에 한 되를 남기고, 한 되에 두 홉을 남겼지요. 박지는 이윤은 남겨 자신의 몫으로 챙겼답니다.

사헌부에서는 백성을 병들게 하고 고통을 끼친 죄가 심하다고 판단했어요. 임금 태종은 박지의 죄를 크다 여겨 귀양을 보냈습니다.

자를 가지고 다닌 암행어사

관리들이 부정한 짓을 저지르는 사건이 많아서인지 암행어사는 왕명서와 마패 말고도 자를 들고 다녔어요. 놋쇠로 만든 표준 자로, '유척'이라고 불렸지요. 암행어사는 고을의 수령이 세금을 걷을 때 말과 되를 속이는지 여부를 유척으로 측정했어요. 또한 형벌을 내리는 데 사용되는 기구(곤장)가 기존의 규격에 맞는지도 유척으로 확인했지요.

공물의 부담까지 졌던 백성들

특산물로 바치는 공물은 주어진 양만큼 채우기가 어려웠어요. 공물로 거둬지는 양이 해마다 달랐으니까요. 이미 백성들은 농사일과 부역으로 시간을 써야 했기에 부담이 이만저만 아니었어요.

어느 신하는 세종대왕에게 이렇게 아뢰었어요.

> 만일 지방 각 고을의 공납하는 물건이 그 지방에서 생산되지 않으면 백성들은 모두 쌀로 사들이어 상납합니다. 이런 경우가 참으로 많습니다. 사실 백성의 고통이 여기에 있습니다. 그런데 수령은 도리어 이에 대하여 정신을 쓰지 아니합니다. 오히려 이에 덧붙여 더 많이 거두고 있습니다.
> 《세종실록》 (2년 윤1월 29일)

공물의 단점을 조정에서도 알고 있었던 거예요. 이러한 부조리들은 계속해서 세종대왕의 귀로 들어갔어요.

세종대왕은 이에 대해 걱정이 많았어요. 그래서 각 관청의 공물 중에서 제외할 수 있는 것은 모두 면제시켰어요. 세종대왕은 이에 그치지 않았어요. 세종대왕은 해마다 바치는 공물 외에 추가적으로 바쳐야 하는 물품은 모두 바치지 않도록 했어요. 세종대왕은 늘 신하들에게 "마음을 다하라"고 지시했지요.

심화 정보
효령대군의 하인들에게 벌을 내린 세종대왕

세종대왕은 세금이 백성들에게 얼마나 중요한지 알고 있었어요. 불법으로 세금을 거두어들이면 신분을 따지지 않고 엄하게 다스렸어요. 그게 자신의 가족이어도 말이에요.

한번은 사헌부에서 효령대군 이보의 집사 신유정, 장예생 및 노비 등이 세금을 불법으로 거두었다며 죄를 아뢰었어요. 이들은 쌀 10석, 콩 7석, 종이 50권을 불법으로 거두어들였어요. 그 시대의 쌀 가격은 보통 1석에 5~6냥, 콩은 그 절반 가격인 2~3냥 정도였어요. 부정하게 거두어들인 곡식의 가격이 약 81냥, 현재 가격으로 환산하면 200만 원이 조금 넘는 수준이었어요.

효령대군은 세종대왕의 둘째 형이에요. 아마 신유정, 장예생 등과 노비들은 임금 형 아래에서 일하고 있으니 내심 솜방망이 처벌을 받을 거라고 기대했을지도 몰라요. 또 '200만 원쯤이야 왕의 측근들이 다루는 돈에 비하면 그렇게 큰 액수도 아니지'라고 생각했을 수도 있어요. 당시 왕의 측근들은 벌을 받지 않고 넘어가는 경우도 왕왕 있었으니까요.

하지만 세종대왕은 엄벌로 다스렸어요. 신유정은 직위를 박탈시켰어요. 장예생은 곤장 60대를 치고, 노비는 회초리 40대를 치라는 벌을 내렸답니다.

세종대왕은 둘째 형인 효령대군의 하인들이 세금을 불법으로 더 거두자 벌을 내렸습니다. 세금에 대한 잘못은 신분 고하, 친척 관계 할 것 없이 죄를 준 것입니다.
김학수의 〈형벌도〉

　　조선 시대에는 세금의 부정에 대한 처벌을 매우 무겁게 다스렸어요. 당시 논밭 1결에 대한 세금 4말을 내지 않으면 곤장 100대를 치고 멀리 귀양을 보내도록 법에 규정되어 있었답니다.

3장

세금 법을 새로 만들기까지

세종대왕의 큰 결심

해결되지 않는 세금 문제

옛날부터 '공평한 세금'은 나라에서 지켜야 할 가장 중요한 원칙이었어요. 세금을 제대로 걷지 않으면 백성들이 피해를 입었으니까요.

특히 세종대왕은 '세금은 공평해야 한다'고 강조했어요. 세종대왕은 세금을 처리하는 사람들을 각별히 신경 썼어요. 수령들이 논밭에서 수확할 쌀과 콩 등의 수량을 정확하게 조사하고, 각 사람들에게 세금을 공평하게 거두도록 감시했지요. 만약 수령이 법에 따라 세금을 제대로 거두지 않으면 엄한 처벌을 받았어요. 또한 세종대왕은 세금을 조사하는 경차관에게 직접 법에 따라 세금을 공정하게 정하라고 명했어요.

하지만 세종대왕의 노력에도 불구하고 세금 문제는 해결되지 않았어요. 세종대왕의 근심은 날로 늘어만 갔지요.

> 우리나라의 인구가 점점 증가하고, 논밭은 날로 줄어들어 의복과 음식이 넉넉하지 못하니, 매우 슬픈 일이다.
> 《세종실록》 (11년 11월 16일)

당시 조선의 인구는 늘어나던 추세였어요. 인구가 증가한 만큼 식량도 많이 필요했지요. 그에 비해 식량은 넉넉하지 않았어요. 앞에서 말했다시피 우리나라는 산이 많고 농사지을 땅이 마땅치 못했으니까요. 게다가 이 식량에서 일부를 세금으로 떼어가니까 세금 문제를 해결하지 않으면 백성들의 삶이 궁핍해질 게 뻔했어요. 세종대왕은 바로 이 어려움을 염려했던 거예요.

세종대왕은 백성들의 생활이 윤택해지길 바랐어요. 그러려면 세금을 효율적으로 거두어야 했어요. 세금을 다루는 관리들의 부정부패가 사라져야 하고, 불필요한 세금까지 거두지 않도록 조정해야 했어요.

태조 때의 경차관과 세종 때의 경차관

태조는 '답험손실법'에 따라 경차관을 파견했지만, 세종은 새로운 세금 법인 '공법'에 따라 경차관을 보냈어요.

이를 해결하려면 큰 결정이 필요하다고 여겼어요. 이전처럼 관리들을 엄하게 다스리는 걸로는 부족했지요. 마침내 세종대왕은 세금 법 자체를 바꾸어야 한다고 생각하기에 이르렀어요.

조선 시대 백성들은 항상 가난에 시달렸으며, 세종대왕은 이러한 백성들이 잘 사는 방법을 여러 가지로 고민하였는데, 그중 하나가 올바른 세법이었습니다.
김득신의 〈여름날의 짚신 삼기〉

조선에 필요한 세법을 만들고자

세종대왕은 이전에 만든 세금을 징수하는 법으로는 백성을 행복하게 할 수 없다고 결론지었습니다. 그래서 백성을 위한 새로운 세법을 만들고자 했지요. 세법은 세금 징수를 위해 만들어진 모든 법을 말해요. 세종대왕을 새 세법을 '공법'이라고 불렀어요.

세종대왕은 새로운 세법을 만들어 관리들이 부정을 저지르는 일을 막길 바랐어요. 조선에 맞는 세법을 제정하면 부정부패가 사라지고 공평한 세금이 거두어지리라고 기대했지요.

하지만 신하들은 세종대왕의 뜻에 반대했어요.

> 신하들 : 전하, 태조께서 나라를 세우실 때 사람들이 마땅히 지켜야 할 올바른 도리와 규율과 법도를 세우셨습니다. 또한 중국의 법을 참작하여 논밭에서 세금을 거두는 답험손실법을 만드셨습니다. 논 1결마다 쌀 30말을 거두고, 밭 1결마다 잡곡 30말을 거두는 이 법에 대해 반대 의견이 없었습니다. 태종께서도 답험손실법을 계승하시어 국가와 개인 모두 풍족하였습니다. 헌데 어찌하여 지금에 이르러 갑자기 공법을 시행하십니까?
> 《세종실록》 (21년 7월 21일)
>
> 세종 : 지금 큰법(大法)을 세우고자 하는데 너희들이 어찌 이렇게 번거롭게 청하느냐.
> 《세종실록》 (21년 7월 21일)

여기서 '큰법'은 세법을 뜻해요. 세종대왕은 나라의 법 중에서 세금을 거두는 법이 가장 중요하다고 보았어요. 그래서 백성들이 먹을 식량인 쌀과 콩 등을 세금으로 거두어들이는 법보다 더 중요한 법은 없다고 주장했지요.

세종대왕은 다음과 같이 말하며 자신의 뜻을 밀고 나갔어요.

> 임금의 정치는 백성을 편안하게 하는 것이 기본이다. 백성을 편안하게 하려면 무엇보다도 세금을 적게 내도록 하는 것이 으뜸이다.
> 내가 작은 몸으로 한 나라의 왕으로 전국의 모든 백성을 나 홀로의 힘으로는 다스릴 수 없다. 그러므로 여러 신하들을 심사숙고해 뽑고, 수령들에게 백성을 다스리는 임무를 맡겼다.
> 국가의 할 일을 알지 못하고 백성들의 고통도 생각지 않은 채 제멋대로 행동하는 수령이 더러 있다고 한다. 정의를 잊고 옛 버릇대로 부정한 일을 저질러서 한 말 받아야 할 세금이 두어 석(1석은 15말)에 이르도록 불어나고, 하루 동안 시켜야 할 부역이 수십 일로 늘어나고 있다. 심한 경우에는 정기적인 부과 이외에 여러 가지 간사한 방법으로 세금을 거두는 것도 허다하기에 이르렀다.
>
> 《세종실록》(26년 7월 9일)

세종대왕은 관리들이 제멋대로 세금을 거두는 일에 대해 알고 있었어요. 하지만 이들의 부정부패를 제대로 막을

순 없었어요. 조선의 왕은 나라 전체를 다스려야 했으니까요. 세금 외에도 신경 써야 할 일이 한두 가지가 아니었거든요.

세종대왕은 자기 대신 수령들이 각자 맡은 고을을 공정하게 다스리길 바랐어요. 그렇게 해서 평안한 조선을 이끌고 싶었지요. 하지만 수령들은 임금의 뜻대로 청렴하게 고을을 다스리지 않았어요.

결국 세종대왕은 부정하기 쉬운 답험손실법을 폐지하기로 결정했어요. 대신, 공평하고 편리한 법을 만들기 위해 노력했지요.

세종대왕은 그 누구보다도 세금에 대한 지식이 많았지만 "정한 법 이외에는 털끝만큼이라도 더 거두지 못한다."라고 하시면서 신하들과 민주적인 대화를 통하여 공법을 만들었습니다.

3장 세금 법을 새로 만들기까지　47

양반과 백성의 의견을 들었어요

과거 시험의 주제 '공법'

세종대왕은 새로운 세법을 만들기 위해 여러 사람의 의견을 들었어요. 그 첫 번째 대상이 과거 시험에 응시한 젊은 유생(유학을 공부하는 선비)들이었어요.

세종대왕은 문과의 과거 시험 문제를 내면서 세금의 중요성과 답험손실법의 문제점을 지적했어요.

> 일찍이 듣건대 정치는 백성을 사랑하는 것보다 앞서는 것이 없다. 백성을 사랑하는 시작점이 백성에게서 거두어들이는 세금에 있다. 그간 해마다 신하를 뽑아서 여러 도에 나누어 보냈다. 한데 간혹 명을 받고 간 사람이 나의 뜻에 부합되지 않았고, 백성의 고통을 구휼(국가적 차원에서 재난을 당한 사람에게 금품을 주어 구제함)하지 아니하여, 나는 매우 이를 못마땅하게 여겼다. 수확의 손실을 조사하는 일도 관리들의 좋아하고 싫어하는 감정 여하에 따라, 올리고 내림이 자기 손에 달리게 되면, 백성이 그 해를 입을 것이다.
>
> 《세종실록》(9년 3월 16일)

관리들이 세금을 거두기 위해 직접 벼의 수확량을 조사하고 있는 모습입니다. 세종대왕은 이러한 답험이 백성에게 공평하지 못한 일이 많아 공법으로 바꾸고자 하셨습니다.
〈전제상정도〉 중에서

　세종대왕은 '답험손실법'에는 관리들 마음대로 세금을 결정할 수 있는 권한이 너무 많아 시행할 수 없다고 보았어요. 그러면서 과거 시험 문제로 이것을 제시했어요.

> 공법은 중국의 옛 나라에서 사용하였다고 하나, 다만 그것이 여러 해의 평균을 비교하여 기준으로 삼음으로써 좋지 못하였다고 한다. 공법을 사용하면서 좋지 못한 점을 고치려고 한다면 그 방법은 어떻게 해야 하겠는가? 그대들은 학문에 통달하고 정치의 요지를 알아 평상시에 이를 배우고 익혔을 것이니, 전부 답지에 적어라. 내가 장차 이를 채택하여 시행하겠노라.
>
> 《세종실록》 (9년 3월 16일)

3장 세금 법을 새로 만들기까지

이 과거 시험 문제를 통해서 우리는 세종대왕이 얼마나 민주적으로 공법을 만들고자 했는지 알 수 있어요.

세종대왕은 모든 권력을 가진 왕이므로 무엇이든 혼자서 독단적으로 결정하고 시행할 수 있었어요. 더욱이 세종대왕은 이미 중국 고대에서 시행한 여러 형태의 세금 제도에 대한 장단점을 잘 알고 있었어요. 또한 조선을 건국한 태조 때부터 시행되어온 답험손실법의 문제점을 정확히 파악하고 있었지요.

하지만 세종대왕은 백성으로부터 세금을 거두는 문제만큼은 절대로 혼자서 결정하지 않았어요. 세금이 백성의 생활에 미치는 영향이 너무나 크기 때문이었죠. 그래서 과거 시험을 통하여 전국에서 모인 공부를 많이 한 젊은 유생들이 생각하고 있는 세금 문제의 해결책을 듣고자 한 것이에요.

"공법을 사용하면서 이른바 좋지 못한 점을 고치려고 한다면 그 방법은 어떻게 해야 하겠는가. 내가 장차 이를 채택하여 시행하겠노라." 세종대왕은 과거 시험에서 전국의 유생에게 세법에 대한 의견을 물었다.

대신부터 일반 백성까지

세종대왕은 즉위하면서부터 백성이 행복해질 수 있는 세법인 공법을 만들고자 했어요. 하지만 선조 임금들께서 이미 만들어 실행한 법을 경솔히 고칠 수 없었지요. 또한 법을 고쳐서 백성의 생활이 더욱 힘들어지면 안 되었어요.

그렇기 때문에 세종대왕은 새로운 공법을 만드는 것에 대해서 많은 의견을 들었어요. 세금을 관장하는 부서인 호조와 조정 대신들에게 논의하여 좋은 방안을 제시하라고 명했어요.

1430년, 세종대왕은 호조와 이런 이야기를 나누었어요.

> 호조 : 이제부터는 공법에 따라 논밭 1결마다 세금 10말을 거두게 하되, 다만 평안도와 함길도만은 1결에 7말을 거두게 하여, 예전부터 내려오는 세금 법의 문제점을 줄이도록 하겠습니다."
> 세종대왕 : 궐에서 일하는 모든 신하와 관리, 각 지방의 수령들로부터 가난한 백성까지 모두 찬반을 물어서 아뢰게 하라.
> 《세종실록》(12년 3월 5일)

3장 세금 법을 새로 만들기까지

조선 시대에 일반 백성은 양반의 지배를 받을 뿐 나라의 정치에는 참여하지 못했어요. 백성은 나랏일에 참여할 수 있는 권리가 없었지요.

하지만 세종대왕은 세금 문제를 조정의 양반 관리만의 의견에 따라 결정하는 것은 바람직하지 않다고 생각했어요. 농사를 지어 세금을 부담하는 사람들 대부분이 백성인데 그들의 의견을 무시할 수 없었지요. 그래서 세종대왕은 전국적으로 양반뿐 아니라 모든 백성에 이르기까지 공법의 찬반에 대한 여론조사를 명했어요.

이 여론조사는 양반이 다스리는 조선에서 일반 백성에게 공법의 시행 여부를 묻는 것이었지요. 그만큼 세종대왕은 힘없는 백성을 나라의 근본으로 여겼답니다.

찬성이 많았지만

세종대왕이 공법에 대한 여론조사를 명한 뒤, 호조에서는 그해 8월 공법에 대한 여론조사 결과를 왕에게 아뢰었어요. 그 기간이 무려 다섯 달이나 걸렸어요. 전국에서 공법의 시행에 찬성하는 자는 98,657명이며, 반대하는 자는

74,149명이였어요.(《세종실록》12년 8월 10일).
총 172,806명이 여론조사에 참여했지요.
그 결과 찬성이 57퍼센트로 반대 43퍼센트보다 많았어요. 그러나 세종대왕은 공법을 바로 시행하지 않았어요. 조정 대신들의 반대가 너무 컸기 때문이에요. 공법의 시행을 반대하는 대신들이 무려 90퍼센트에 달했어요. 조정 대신들이 반대한 이유는 호조에서 제시한 공법이 불공평하다고 생각했기 때문이에요.
대신들 중에서 조선 시대에 훌륭한 재상으로 잘 알려진 황희 정승도 반대 의견을 냈어요.

재상은 임금을 돕고 모든 관원을 지휘하고 감독하는 일을 맡아보던 이품 이상의 관리입니다.

황희 정승이 왜 이런 이야기를 했을까요? 그건 여론조사 결과를 도별로 살펴보면 이해할 수 있어요. 경기도 및 경상도와 전라도는 거의 99퍼센트 정도가 공법을 찬성했어요. 반면 평안도와 함길도(함경도)는 90퍼센트 이상이 반대했어요. 비옥한 지역의 백성들은 세금 부담이 줄어든다고 생각했고, 척박한 지역의 백성은 세금 부담이 늘어난다고 보았던 거예요. 황희 정승이 '부자에게만 행복일 뿐, 가난한 자에게는 불행한 일'이라 하여 반대한 주장이 어느 정도는 타당성이 있었다고 보이지요?

1결에 10말의 세금을 거두는 공법안의 찬반을 도별로 살펴본 그래프입니다. 경기도와 경상도, 전라도는 거의 대부분이 찬성하였으며, 평안도 및 함길도는 대부분이 반대하였습니다.

세종대왕도 '부자에게만 행복일 뿐, 가난한 자에게는 불행한 공법'은 반대했을 거예요. 그래서 찬성이 많았지만 '1결에 10말씩 징수하는 공법'을 허락하지 않았어요. 세종대왕은 대신들에게 논의하여 더 좋은 '공평한 공법'을 만들라고 다시 명했어요.

역사상 유일한 세법 여론조사

여론조사는 사람들이 정치, 사회, 문화 등 사회생활 전반에 걸쳐 어떤 생각을 갖고 있으며, 어떤 입장을 취하고 있는가를 널리 조사하는 거예요. 한마디로 민심을 살피는 일이지요.

조선 시대에 왕이나 조정 대신들은 하나같이 "나라를 다스리는 길이란 마땅히 민심을 따라야 한다."라고 하여, 민심이 정치에 중요하다고 생각했어요.

하지만 세종대왕이 공법을 만들면서 전국적인 여론조사를 실시하게 한 것은 단순히 민심을 살펴보고자 한 것이 아니었어요. 정치에 참여할 수 없는 백성들에게 공법에 대한 찬반 여부를 묻는 일은 세계적인 사건이에요. 세계의 역사 가운데 왕이 세법을 만들면서 귀족이 아닌 일반 백성에게 직접 여론조사를 실시하여 법을 입법한 경우는 없었어요.

《세종실록지리지》에 기록된 그 당시 조선의 전체 인구가 692,477명인 것을 고려한다면, 172,806명이 여론조사에 참여한 것은 인구의 4분의 1에 해당하는 사람이 그들의 의견을 말한 것이지요. 때문에 세종대왕이 실시한 이 여론조사는 지금의 국민투표와 견줄 만큼 민주적인 가치가 있는 훌륭한 사건이에요.

임금이 나라를 다스리고 양반이 정치를 하는 조선 시대에 새로운 세금 법을 만들면서 정부 및 관리, 각도의 관찰사, 수령 및 모든 벼슬아치로부터 일반 백성에 이르기까지 찬반을 묻는 여론조사를 하게 한 것은 세종대왕의 민주적인 정책 결정을 보여 주었어요. 더욱이 공법에 대한 여론조사를 조정 대신부터 백성에 이르기까지 모든 사람을 대상으로 하였다는 것에서, 양반에 의하여 정치적 결정이 이루어지는 사회에서 세금을 부담하는 백성들의 뜻을 반영하고자 한 세종대왕의 깊은 뜻을 엿볼 수 있어요. 조선뿐만 아니라 세계 역사에서 그 어느 왕도 하지 못한 민주적 생각이에요.

여러 가지 방법을 썼어요

주척, 어디서든 공평하게

세종대왕은 양반이나 일반 백성의 구분 없이 세금을 공정하게 거두어들이기 위해 여러 가지 방법을 실시했어요. 그중 하나는 '주척'을 사용해 논밭의 면적을 측정하도록 한 것이에요. 주척은 고대 중국의 주나라 때 사용한 자예요. 그 당시 모든 자의 기준이 되었지요. 당시 주척의 1자 길이는 약 21㎝였어요.

물론 이전의 왕이나 대신들도 세금을 공평하게 다뤄야 한다고 생각했어요. 하지만 무엇이 공평한 세금인지 세종대왕만큼 깊이 고민하진 않았어요. 세종대왕 이전까지는 세금을 공평하게 거두기 위해 논밭을 측정하는 '자'가 중요하다는 생각조차 하지 못했답니다.

세종대왕은 모두에게 세금을 공정하게 거두려면 논밭을 정확하게 측정해야 한다고 봤어요. 그러려면 어디서든 똑같은 크기를 잴 수 있는 도구가 필요했지요.

조선 시대에 사용된 자의 종류. 좌측으로부터 주척, 조례기척, 영조척, 황종척, 포백척, 일등양전척(주척의 길이는 21cm, 영조척은 31cm, 황종척은 34cm가 되고, 일등양전척은 약 99cm). 조선 시대 자의 유형과 길이. 세종대왕기념관 소장

그래서 세종대왕은 양전을 할 때 농부의 손가락 마디로 재던 '수지척'을 폐지했어요. 대신 주척을 사용하도록 명했지요. 수지척을 사용하면 1결당 면적이 그때그때 달라져서 정확하게 재기 어려웠어요. 또 매번 농부의 손가락으로 측정하기도 불편했지요.

양전은 조선 시대에 논밭의 크기를 측량하고 소유자를 파악하기 위해 조사하는 거예요. 논밭을 누가 얼마나 가지고 있느냐, 또 얼마나 토지가 비옥하냐를 따져 1결의 넓이를 정하는 제도이지요.

이전에도 주척을 사용해야 하는 것들이 몇몇 있었어요. 그중 하나가 묘지예요. 조선 시대 왕릉은 엄청나게 커서 거의 언덕만 해요. 당시엔 묘지의 크기를 신분에 따라 엄격히 제한했어요. 신분이 높은 사람들만 묘지 크기를 늘릴 수 있었지요. 그래서 묘지의 크기를 잴 때는 반드시 주척을 써야 했어요. 그때는 논밭보다 묘지를 측정하는 것을 더 중요하게 여겼던 셈이에요. 지금으로서는 참으로 말도 안 되는 법이지요.

세종대왕이 주척을 사용한 것은, 지금으로 치면 컴퓨터를 이용해 정확하게 계산하게 하는 것과 같아요.

말과 되의 표준을 정했어요

세종대왕이 통일한 말과 되의 크기

말
(21.7cm×21.7cm×12.4cm)

되
(6.2cm×15.2cm×6.2cm)

(촌은 영조척의 10분의 1로 약 3.1㎝입니다.)

구분 \ 양기명	양기의 촌수(세종 때)				되·말수	용적의 계산	
	길이(촌)	너비(촌)	깊이(촌)	용적(촌)		cm³	ℓ
홉(합)	2	0.7	1.4	1.96	0.1되	58	0.058
되(승)	4.9	2	2	19.6	1	583	0.58
말(두)	7	7	4	196	10되	5,839	5.83
소곡(평석)	20	10	14.7	2,940	150되(15말)	87,585	87.5
대곡(전석)	20	11.2	17.5	3,920	200되(20말)	116,780	116.7

이전까지는 수령들이 말과 되의 크기를 멋대로 조정해서 세금을 더 많이 거두었어요. 이런 횡포를 막기 위해 세종대왕은 말과 되의 크기도 새로 정했어요. 1되의 부피를 0.58리터(ℓ)로 통일했지요.

연분을 정했어요

논밭의 수확량 조사가 임금에게 전해지려면 여러 단계를 거쳐야 했어요. 일단 수령이 직접 논밭으로 가서 자세히 조사해 관찰사에게 보고했어요. 관찰사는 수령이 보고한 게 맞는지 확인해서 다시 임금에게 보고했지요. 그럼 조정에서는 그에 따라 세금을 결정해서 거두었어요.

이러 하니 중간에 누가 부정을 저지르거나 수량을 부풀려 떼어먹어도 잡을 길이 없었지요. 세종대왕은 관리들이 도중에 세금을 떼어가지 못하도록 하는 방법을 생각해 냈어요. 관리들이 모든 논밭에 일일이 나가서 조사하는 제도를 폐지했지요. 또 고을 단위로 풍년과 흉년을 고려해 세금을 거두라고 지시했어요. 고을은 오늘날의 행정 구역인 '군'에 해당해요. 군에는 읍과 면 4개를 두었어요.

관찰사란 지금의 도지사입니다.
조정이란 임금이 신하와 의논하여 정치하는 기구입니다.

이제 수령은 자기 고을의 곡식들이 얼마나 수확되었는지를 살핀 뒤에 '연분'을 정해 관찰사에 보고했어요. 관찰사는 고을별 농사를 다시 확인하여 조정에 알렸지요. 조정에서는 의논한 뒤 임금의 허락을 받아 최종적으로 해당 고을의 연분 등급을 결정하여 세금을 거두도록 했어요.

〈경직도〉 중 일부로 논갈이와 두레로 물대기를 하는 모습입니다.

이전과 달라진 점은 수령이 개개인의 논밭을 모두 조사(답험)하는 것이 아니라 고을 전체를 기준하여 '연분'을 정한다는 거였어요. 이전의 답험 손실법은 수령이나 관리가 일일이 모든 논밭을 다니며 조사했어요. 그래서 옳지 못한 일이 일어났지요. 하지만 공법은 그들이 농부를 만나지 못하게 하면서 한 고을 전체의 수확량에 따라 연분을 정해 세금을 내도록 한 거예요. 지금으로 치면 세금 공무원이 세금 내는 사람을 만나지 못하게 한 셈이지요.

연분은 흉년과 풍년의 정도에 따라 세금을 거두는 세율이에요. 풍년일 때와 흉년일 때 세금을 똑같이 거두면 백성들이 흉년일 때 더 힘들어질 테니까요. 이를 미리 막고자 했지요. 세종대왕은 연분을 고을(군현)별로 9등급으로 나누었어요. 이를 '연분9등법'이라고 해요.

강우량을 정확하게 측정했어요

어려움은 여전히 남아 있었어요. 그 당시 넓은 지역인 고을 단위로 공평하게 연분을 정하기가 쉽지 않았어요.

세종대왕은 연분을 결정할 기준을 '강우량'(일정 기간 동안 일정한 곳에 내린 비의 양)에 두었어요. 한 고을에 비가 오는 정도를 측정해 여러 해의 평균 강우량과 비교해 보면, 각 고을별 농사의 결실을 짐작할 수 있으니까요. 지금도 마찬가지이지만 비의 양은 농사의 수확량과 밀접하게 연결되기 때문이에요. 비가 풍족히 내리면 농사가 잘 되고, 비가 적게 내리면 가물어 수확량 역시 적어 지지요.

조선 시대에는 논밭에 물을 공급하는 저수지와 수리 시설이 부족했어요. 한 해 동안 농민들은 농사짓는 데 필요한 물을 하늘에서 내리는 비에 의존할 수 밖에 없었어요.

논에 물고랑을 내고 있는 모습입니다. 수리 시설이 발달하지 않는 조선 시대에는 논밭에 물을 대는 일이 중요했습니다.
〈경직도〉 한국민족문화대백과

1428년, 세종대왕은 중요한 위치에 있는 신하들을 불러 놓고 말했어요.

> 지난해에는 겨울이 지나도록 눈이 오지 않았다. 또 올해에는 봄부터 여름까지 비가 내리지 않아 가뭄이 대단히 심하다. 이것으로 보아 올해가 다 지나도록 비가 오지 않을지도 알 수 없는 일이다. 나는 장차 길에 굶어 죽은 사람이 가득 차 있을까 두렵다.
> 《세종실록》 (8년 4월 28일)

세종대왕이 이런 얘기를 한 건 당시 조선의 기후와 관련이 있어요. 특히 조선 시대에는 가뭄이 심했거든요. 그건 세종대왕이 임금으로 있는 동안에도 마찬가지였어요. 농사철 봄과 여름에 가뭄이 들면 심은 곡식에서는 이삭이 나지 않았어요. 쌀과 보리에 병충해(농작물이 병과 해충으로 인해 입는 피해)가 심해졌지요. 또 가을에 비가 오지 않으면 이삭이 말라 죽어 수확할 곡식이 없었어요.

연분의 기준을 강우량으로 삼기 위해선 각 지방의 강우량을 정확히 파악해야 했어요. 당시엔 비 오는 양을 알려면 비가 내린 뒤에 호미로 땅속을 파서 빗물이 얼마나 스며들었는지 조사했어요. 이 방법은 그다지 과학적이지 않았

측우기 발명 이전의 강우량 측정 방법. 호미나 쟁기로 땅에 스며든 빗물의 깊이를 재어 측정하였습니다.

어요. 비가 오기 전에 땅이 말라 있었는지, 젖어 있었는지에 따라 비가 땅속에 스며드는 빗물의 깊이가 달랐거든요. 그래서 강우량을 정확히 알 수가 없었어요.

강우량을 정확하게 측정하기 위해 신하들은 세종대왕의 명에 따라 측우기를 만들었어요.

> 관아 : 서운관에 길이는 2척(약 41cm), 지름은 8촌(약 16cm)이 되는 쇠그릇을 만들도록 하십시오. 쇠그릇을 받침대에 올려놓고 비를 받아 비 오는 양을 자로 재서 보고하게 하십시오. 또 각 고을에도 도자기나 토기를 사용해 관청 뜰 가운데에 놓고, 수령이 물 깊이를 재어 보고하게 하십시오.
> 《세종실록》 (23년 8월 18일)

서운관은 조선 초기까지 기상 관측을 담당하던 관청이에요. 천체를 관측하고 달력을 편찬하며 날씨를 측정하는 일들을 맡았어요. 각 고을에서도 비의 양을 잰 것은 객관적으로 연분을 결정하기 위해서였어요.

새로운 공법을 시행하기 3년 전, 측우기가 발명되었어요.

관아에서는 서운관과 각 고을에 측우기를 설치했어요. 수령들은 측우기로 강수량을 파악해 보고서를 올렸어요.

이때 측우기를 만들기 위해 열심히 실험한 사람은 세종의 맏아들인 '문종'이었어요. 당시 세자였던 그는 뒷날 아버지를 이어 조선의 5대왕이 되었어요.

세종은 자신의 아들이 한 일을 잊지 못했어요.

> 요 몇 해 동안 세자가 가뭄에 대해 걱정이 많아, 비가 올 때마다 젖어 들어 간 깊이를 땅을 파고 보았다. 그러나 정확하게 비가 온 깊이를 알지 못했다. 세자는 구리를 부어 그릇을 만들고는 궁중에 두어 빗물이 얼마나 그릇에 고여 있는지 실험했다.
> 《세종실록》(23년 4월 29일)

문종이 세자 때 측우기를 만들기 위해 구리 그릇을 이용하여 강우량을 측정하는 실험을 한 것을 알 수 있어요.

〈동궐도〉는 조선 후기(1829년으로 추정)에 동궐인 창덕궁과 창경궁의 전경을 그린 궁궐 배치도입니다. 그림 가운데에 세자가 공부하는 중희당 앞마당에 비의 양을 측정하기 위해 만든 측우기가 있습니다. 측우기를 만든 뒤 약 380년이 지난 그때까지 중희당에 측우기가 설치되어 있었던 것입니다. 역대 세자들이 측우기에 대해서 배웠으리라 여겨집니다.

이탈리아보다 200년 앞선 측우기

유럽에서는 1639년 이탈리아의 가스텔리가 처음으로 측우기로 강우량을 관측했다고 전해져요. 우리나라 측우기는 이탈리아보다도 약 200년 앞서 발명되었어요.

세금을 거두는 데 측우기를 사용하기 위해서는 조금 더 정확하고 발 빠른 보고가 필요했어요. 그래서 관아에서는 첫 번째 측우기를 가지고 약 1년 정도 시험했어요. 그리하여 전보다 정교한 측우기 제작 방법과 강우량 측정법, 임금에게 보고하는 절차를 상세히 마련했어요.

그 결과 관아에선 임금에게 이렇게 아뢰었어요.

첫째, 한양에서는 쇠를 주조한 기구를 만들어 명칭을 측우기라 하니, 길이가 1척 5촌(약 31.2cm)이고 직경이 7촌(약 14.5cm)입니다. 서운관에 측우기를 받침대 위에 두고 비가 온 후에는 본관의 관리가 친히 비가 내린 상황을 보고는, 주척을 써서 빗물을 측량하여 비가 내린 것과 비 오고 갠 일시와 물 깊이의 척, 촌, 분의 수량을 상세히 써서 뒤따라 즉시 임금에게 아뢰게 하고 기록해둘 것입니다.

둘째, 쇠로 만든 측우기와 주척을 각 지방에 보내, 각 고을로 하여금 위의 측우기 제작 방법에 따라 도자기나 토기를 만들게 하십시오. 또 관사의 뜰 가운데에 받침대를 만들어 측우기를 받침대 위에 두도록 하며, 주척도 위의 제작법대로 대나무나 나무로 미리 만들어 두게 하십시오.

매번 비가 온 후에는 수령이 몸소 상황을 살펴보고는 주척을 이용해 비가 내린 시간과 비가 온 양을 상세히 써서 즉시 임금에게 아뢰게 하고, 장부에 기록해두어서 후일에 살펴보는 증거 자료로 삼게 하십시오.

《세종실록》(24년 5월 8일)

미암선생일기 (유희춘의 일기 1513-1577)
선조 3년 4월 26일(1570년) 일기에는 전라도 감사(관찰사)의 농사 형편을 보고하는 장계 내용이 있는데, 전라도에서 총 47곳의 측우기에 의한 우량조사 결과를 보고해서 군과 현에 이르기까지 공법시행 후 125년 동안 우량 관측망이 잘 운영되고 있음을 보여주고 있습니다.

주척의 1척(자)을 약 21cm라고 할 때 1촌은 약 2cm, 1분은 약 2mm예요. 즉, 1척=10촌=100분이에요.

정리하면, 전국에서 똑같은 측우기를 사용하도록 지침서를 각 지방에 보냈다는 뜻이에요. 그러면 어디서든 강우량을 정확히 잴 수 있고, 이를 토대로 한 해의 세금을 내는 연분을 결정할 수 있었지요.

그 당시 전국 8도에 속한 지방 군현은 총 334개소예요. 동일한 규격의 측우기를 보급함으로써 연분의 기준을 통일시킨 셈이에요.

세종대왕은 궁궐에 있으면서도 각 고을에서 보고한 강우량만 보면 해당 고을의 농사 상황을 알 수 있었어요. 관리들이 각각의 논밭을 다니며 부정을 저지를 수 있는 수확량 조사를 할 필요가 없어졌어요. 세금을 공평하게 걷기 위해 측우기로 측정한 강우량을 이용한다는 것은 그 누구도 생각하지 못한 방법이지요.

세종대왕과 왕세자(문종)가 관리들과 함께 측우기로 비의 양을 재는 모습입니다.
〈측우기의 우량 측정〉 세종대왕유적관리소

백성의 구제를 위한 의창 제도

우리나라는 고려 시대부터 조선 시대에 이르기까지 흉년이 들면 나라가 가난한 백성을 구제(자연 재해나 사회적인 피해를 입어 어려운 처지에 처한 사람을 도와줌)하는 제도를 시행해 왔어요.

이를 의창제도라고 불러요. 흉년과 춘궁기에 나라에서 가난한 농민에게 곡식을 빌려주고 추수할 시기인 가을에 갚게 한 것이지요. 춘궁기는 묵은 곡식이 다 떨어지고, 햇곡식은 아직 익지 아니하여 식량이 궁핍한 봄철인 5~6월을 말하는데 '보릿고개'라고도 했어요.

부자들은 혜택을 받을 수 없었어요. 곡식이 절실히 필요한 사람에게 더 많은 혜택을 주기 위함이었지요.

의창 제도는 조선 초기까지 고려 때의 형태를 유지하다가 중종 25년(1530)에 '진휼청'이라는 기관이 생기면서 역할을 이어받았어요. 진휼청은 고종 31년(1894) 폐지되기까지 370년 동안 조금씩 바뀌면서 유지되었어요.

하지만 의창에 사용할 곡식은 늘 부족했어요. 관리가 게으르거나 흉년이 들면 꾸어 줄 곡식이 충분하지 않았어요. 창고에 저장해 둔 곡식이 썩거나, 쥐가 곡식을 파먹어 버리는 일도 있었지요.

거기다 의창 제도로 곡식을 꾸어 간 백성들이 곡식을 갚지 못하는 일도 더러 있었어요. 그럴 때는 부족한 쌀을 군량미(군대 양식으로 쓰는 쌀)로 보충했어요.

조선 시대에는 의창 제도가 있어 흉년이 들면 백성들의 구휼을 위해 관아에서 곡식을 나누어 주었습니다.

3장 세금 법을 새로 만들기까지

4장

나라와 백성에게 이로운 세법

민주적인 방법을 쓴 세종대왕

섣불리 시도하지 않고

여론조사를 한 지 8년이 지났어요. 세종대왕이 말했어요.

> 공법은 지금 행하지 않더라도 후세 자손들이 반드시 다시 의논하여 행하려는 자가 있을 것이다. 허나, 법을 이미 제정하여 백성들도 익히 알고 있는 터인지라, 경솔히 버릴 수도 없거니와, 여러 해 미루어 가게 되면 다시 시행하기 어렵게 될 것이다. 나는 경상도, 전라도의 백성들 가운데 공법을 희망하는 자가 3분의 2가 되면 우선 이를 시행하려니와, 3분의 2에 미달한다면 기어이 강제로 시행할 필요는 없다고 본다.
> 《세종실록》(20년 7월 10일)

현재 우리나라 국회에서는 국회의원 2분의 1 이상이 찬성하면 법을 만들 수 있어요. 공법을 희망하는 백성이 3분의 2가 되면 시행하겠다는 것은 현대 민주주의 국가에서도 쉽지 않은 일이에요.

그동안 세종대왕은 세법을 만들기 위해 각별한 노력을 기울였어요. 세금을 정확히 거두기 위해 강우량까지 측정하고 과거 시험에서 젊은이들에게 공법에 대한 의견을 묻는가 하면 전국적으로 여론조사까지 벌였지요.

하지만 그 과정이 결코 만만치 않았지요. 새로운 공법을 만드는 일에 대신들이 15년 넘게 여러 가지 이유를 들어 반대했어요. 하지만 세종대왕은 백성을 생각하는 마음으로 이에 굴하지 않았어요.

세종대왕은 모든 것을 결정할 수 있는 왕이지만 독단적으로 법을 만들려고도 하지는 않았지요. 보다 많은 대화를 통해 신하들의 의견을 들어 민주적인 방법으로 백성을 위한 공법을 만들고자 했어요.

17년간 관리들과 논의했어요

세종대왕이 왕위에 오른 지 21년이 되는 해였어요.

> 내가 공법을 행하고자 한 것이 이제 20여 년이고, 대신들과 모의한 것도 이미 6년이 되었다.
> 《세종실록》 (21년 5월 4일)

세종대왕은 즉위하면서부터 세법을 공법으로 바꾸고자 했던 셈이에요.

대신들과 6년 동안 논의했다지만, 《세종실록》에 의하면 세종대왕이 즉위한 지 10년이 되었을 때 황희 정승과 공법에 대해서 논의했다는 기록이 나와 있어요. 그러니 실제로 11년 동안 공법을 논의한 것이지요.

이후에도 5년간 대신 등 관리들과 공법에 대해 이야기했어요. 하지만 결정을 내리지 못했지요.

세종대왕은 공법을 만들면서 자신의 의견을 주장하지 않고, 늘 대신들이 함께 논의하여 좋은 공법안을 내놓도록 하였습니다.

세종 : 공법을 설정한 것은 백성에게 편하게 하려 함이었는데, 황희는 폐지하기를 청하고, 신개는 실행하기를 청한다.

황희는 말하기를, '저에게 말하는 자는 다 공법이 불편하다고 말합니다.' 하고, 신개는 말하기를, '저와 말하는 자는 다 공법이 편하다고 말합니다.' 한다.

내가 생각하건대, 공법을 혁파하고자 하는 것은 황희의 뜻인 고로, 황희에게 말하는 자는 다 불가하다고 한 것이오, 공법을 실행하고자 하는 것은 신개의 뜻인 고로, 신개에게 말하는 자는 다 가히 행할 것이라 하는 것이다. 황희와 신개의 두 의논이 같지 아니하므로 좇을 바를 알지 못하여, 나도 역시 어떻게 결단할지 모르겠다.

《세종실록》(25년 7월 15일)

신하들에겐 여전히 통일된 의견이 없었어요. 무려 16년 동안 '백성을 위한 공법'을 입법하기 위해 대신 등과 논의했는데 말이에요. 내년이면 최종적으로 공법을 시행하기로 한 해인데도 신하들끼리 의견이 갈려서 세종대왕도 결단을 내리지 못했어요. 그 긴 시간 동안 세종대왕이 대신의 의견을 내치

신개는 세종대왕 때 전라도, 황해도, 경상도, 경기도에서 관찰사를 지냈고 그 뒤 형조참판, 예문관 대제학, 대사헌, 도총제 등을 거쳐 이조판서로서 북변에 침입이 잦은 야인을 토벌하였던 인물입니다.

4장 나라와 백성에게 이로운 세법

지 않고 모두 다 들었던 건 오직 백성을 위한 좋은 공법을 만들기 위해서였어요.

양보와 타협으로 완성된 공법

마침내 세종대왕은 공법을 처음으로 두 지역에서 먼저 시행하기로 했어요.

> 공법을 이제 정하였으나 오히려 백성에게 불편이 있을까 염려하는 까닭으로, 이제 전라, 경상 두 도에만 행하여 그 편리한 여부를 시범 실시 하게 하였다.
> 《세종실록》(21년 5월 4일)"

세종대왕은 무려 17년에 거쳐 공법을 완성했어요. 그럼에도 한 번에 전국적으로 공법을 실시하지 않았어요. 혹여나 백성들이 공법으로 인해 불편을 겪지 않을까 하는 걱정 때문이었어요. 대신 세종대왕은 땅이 비옥한 전라도와 경상도 두 도에서 먼저 시범적으로 실시해서 불편한 점을 개

선하기로 했어요. 세금 법이 중요한 만큼, 세종대왕은 신중에 또 신중을 기했어요.

오늘날 시범 실시는 국가의 중요 정책을 결정할 때 이용할 수 있는 민주적인 절차예요. 하지만 세금 법을 만드는 과정에서 실시하기는 어려운 방법이지요. 시범 실시는 여론조사보다 더 효과적으로 백성의 의견을 정책 결정에 반영할 수 있어요. 그래서 세종대왕은 시범 실시를 명했지요.

그렇게 시범 실시한 결과, 세종대왕은 처음 실시한 공법을 개정했어요. 시범 실시한 공법이 편리하지 못하고 세금이 공평하지 못하여 백성들이 원망한다고 대신들이 반대했기 때문이에요. 세종대왕은 백성들이 조금이라도 불편해하면 시행하지 않았어요.

이러한 세종대왕의 리더십은 지금의 우리가 본받아야 해요. 세법은 오르지 한순간의 생각으로 만드는 것이 아니라 여러 번 생각하여 모든 국민이 원하는 뜻을 반영해, 민주석인 절차에 따라 만들어야 한다는 원칙을 세종대왕이 보여 준 거예요.

세종대왕이 세금에 대한 지식이 없어서 여론조사를 하고, 시범 실시를 한 것이 아니에요. 세종대왕은 세금 지식에 관해 세금을 담당하는 관청인 호조나 다른 신하들보다 훨씬 많이 알고 있었어요. 그런데도 세종대왕은 스스로 부족하다는 겸손한 마음으로 더욱 좋은 방안을 찾고자 고민했어요.

세종대왕은 처음이자 마지막으로 그동안 논의된 의견을 종합하고 연구한 결과를 토대로 자신의 공법안을 제시했어요. 공법을 시행하고자 한지 25년, 대신들과 논의한 지 17년 만이었어요. 하지만 대신들이 또다시 이 안에 대해서도 반대하니 양보하고 타협하여 최종 공법을 확정했어요.

세종대왕이 이처럼 긴 시간 동안 '조선의 실정에 꼭 맞는 세법'을 만들고자 한 목적은 오로지 백성들에게 불편함이 없고, 관리들이 부정을 저지를 수 없는 공평한 세법을 제정하기 위해서였어요. 세종대왕은 올바르고 좋은 세법을 만들어야 백성이 편히 살 수 있다는 생각으로 공법을 위해 일생을 바쳤다고 볼 수 있어요.

조선식 공법의 탄생

편리하고 공평한 공법

공법은 본디 고대 중국에서 시행한 법이에요. 중국에선 한 해 농사의 풍년과 흉년을 고려하지 않고 여러 해의 평균 수확량을 기준으로 해서 10분의 1에 해당하는 세금을 거두었어요.

이 공법은 부정이 발생할 수 없는 법이에요. 논밭의 규모만 알면 관리들이 매년 세금 징수를 위해서 논밭의 수확량을 조사할 필요가 없으니까요. 다만 수확량을 고려하지 않고 매년 똑같은 세금을 거두기 때문에 풍년일 때는 백성들이 좋아하고 흉년일 때는 싫어하는 법이었어요.

세종대왕은 산천이 험준하고 고원과 습지가 많은 조선에서는 중국식 공법은 시행할 수 없고, 조선식 공법을 만들어야 한다고 생각했다.
이인문의 〈도봉원장〉

4장 나라와 백성에게 이로운 세법

때문에 세종대왕은 토지가 척박하고 산이 많은 우리나라에는 풍년과 흉년을 고려하지 않은 이 중국식 공법은 맞지 않는다고 생각했어요. 대신 공법의 원리만을 이용해 '부정이 발생할 수 없는 공평한 세금'을 거두기 위한 조선식 공법을 만들고자 했지요.

결국 세종대왕은 일생을 바쳐서 1444년(세종 26년)에 조선식 공법을 완성했어요. 이 공법은 세종대왕의 업적 중에서 가장 많은 시간 동안 혼신을 다하여 만든 조선 최고의 세법이자 훌륭한 유산이에요.

세종대왕이 무려 25년 이상 뜻을 두고 혼신을 다한 결과물이자, 조정의 대신들과 대화를 통한 타협과 양보로, 백성에게 직접 여론조사와 시범 실시를 통한 민주적 의견 수렴으로 만들어 낸 것이 공법이라는 이름의 세법입니다.

세금은 나라를 지키고 운영하는 데 절대적으로 필요한 돈과 물자를 공급해요. 하지만 세종대왕이 만들고자 한 공법은 단순히 국가의 재정수입만을 늘리기 위한 목적이 아니었어요. 세법으로 세금을 거두되 '백성을 편하게 해야 한다'는 것을 강조하고 있지요. 지금도 세법을 만들거나 개정할 때에 꼭 생각해야 할 점이에요.

세종대왕이 만든 '조선식 공법'은 전분6등법과 연분9등법을 기본으로 해요. 공평한 세금을 거두기 위해 1단계로 땅의 토질을 파악하여 논밭을 6등급으로 나누고, 2단계로 매년 한해의 수확량을 조사하여 9등급으로 나누어 세금을 거두도록 했어요.

물론 토지를 나누고 조사해야 할 등급이 너무 많아 '세금이 복잡하다'는 말을 한 대신들도 있었지요. 그렇지만 세종대왕이 만든 과학적이고 체계적인 방법으로 세금을 거둔다면 편리하게 시행할 수 있었어요.

논밭의 비옥도를 따졌어요

1등전 1결
(약 9,873㎡)

2등전 1결
(1등전 면적의 1.16배)

3등전 1결
(1등전 면적의 1.4배)

4등전 1결
(1등전 면적의 1.8배)

5등전 1결
(1등전 면적의 2.5배)

6등전 1결
(1등전 면적의 4배 39,497㎡)

전분6등법에 따른 1결의 면적

전분6등법은 전국의 논밭을 비옥함의 정도에 따라 6등으로 나누어 1결의 면적을 정하는 거예요. 세종대왕은 조선 초기부터 시행한 상중하로 나눈 3등급 제도를 좀 더 세분화하여 6등급으로 바꾸었어요.

우리나라는 비옥한 땅보다는 척박한 땅이 많아요. 그래서 논밭의 등급을 세세히 나눠 과거 1등급 논밭이나 2등급 논밭은 대부분 그대로 두고, 하등전인 3등급을 4~6등급으로 늘려 가난한 백성의 부담을 덜어 주고자 했지요.

즉, 3등급 제도는 실질적으로 세금 내는 정도의 차이가 크지 않아 공평하지 못했어요. 그뿐만 아니라 부자가 더 부자가 되고 가난한 사람이 더욱 가난해지는 현상이 발생할 수 있었지요. 수확량이 많은 비옥한 논밭과 수확량이 적은 척박한 논밭이 거의 비슷하게 세금을 낸다면 비옥한 논밭을 소유한 부자에게는 좋고 척박한 논밭을 소유한 가난한 사람에게는 불리하니까요. 이러한 문제를 해결하기 위해 세종대왕은 전분6등법을 선택

했어요.

호조에선 공법을 정할 때 다음과 같이 말했어요.

> 지금까지 우리나라는 고려 때의 옛 법을 그대로 적용하여 논밭을 3등급으로 나누었습니다. 하지만 땅의 기름짐과 척박함이 남쪽 지방과 북쪽 지방이 다릅니다. 게다가 그 등급의 매김도 표준으로 계산하지 않고 각 도별로 나누었습니다. 그렇기 때문에 3등급으로 나눈 논밭의 기름짐과 척박함이 전국적으로 같지 않습니다. 부자는 더욱 부자가 되고 가난한 자는 더욱 가난하게 되니 심히 옳지 못한 일입니다. 만약 여러 도의 전분을 체계적으로 계산하여 6등급으로 나눈다면 세금도 고르게 될 것입니다.
>
> 《세종실록》(26년 11월 13일)

그래서 세종대왕은 전국의 논밭을 6등급으로 나누어 1결의 면적을 차등을 주어 정했어요.

전분6등법은 앞 장의 그림처럼 논밭의 면적은 달라도 모두 1결이라 했으며, 1결은 논은 쌀 400말(26석 10말) 밭은 콩 400말의 수확량을 기준으로 하여 면적을 계산했어요. 따라서 토지의 등급이 낮을수록 논밭의 면적은 그만큼

4장 나라와 백성에게 이로운 세법

더 넓었고, 6등전은 1등전보다 4배나 더 넓었어요.

세종대왕이 만든 공법의 기본이 되는 전분6등법은 조선 말 고종 때까지 약 450년 동안 바뀌지 않고 시행되었어요. 세종대왕이 만든 세법이 조선의 기본이 되었지요.

풍흉에 따라 고을별로 등급을 나누었어요

연분9등법은 논밭 1결에서 생산된 수확량에 따라 해마다 고을별로 풍흉을 9등급으로 나누어 세금을 거두는 방법이에요. 세금은 풍년일 때 1결의 논에서 생산된 쌀 400말,

등급	연분	세율
1등급	상상년	(전실:결실률 100%) 20말 – 수확량의 20분의 1에 해당합니다.
2	상중년	(결실률 90%) 18말
3	상하년	(결실률 80%) 16말
4	중상년	(결실률 70%) 14말
5	중중년	(결실률 60%) 12말
6	중하년	(결실률 50%) 10말
7	하상년	(결실률 40%) 8말
8	하중년	(결실률 30%) 6말
9	하하년	(결실률 20%) 4말

연분9등법에 따른 연분 등급과 1결당 세율

밭은 콩 400말의 수확량을 기준하여 결실에 따라 정하도록 했어요. 그래서 곡식의 결실률이 100퍼센트인 전실이면 상상년이라 하여 1결에 세금으로 논은 쌀, 밭은 콩으로 20말을 거두었어요. 그 다음부터는 수확량이 10퍼센트 감소할 때마다 세금도 10퍼센트인 2말씩 줄어들어, 수확량이 평년의 20퍼센트에 달하면 하하년이라 하고 세금은 쌀 또는 콩으로 4말을 거두었어요. 그리고 수확량이 10퍼센트 이하가 되면 세금을 면제했어요.

이에 따라 호조에서는 연분을 결정하는 방법에 대해서 다음과 같이 왕에게 아뢰었어요.

> 각도 감사는 각 고을마다 연분을 살펴 정하되, 곡식의 결실과 손실이 비록 다 같지 아니할지라도 총합하여 결실률이 전실이면 상상년, 10분의 9이면 상중년, 10분의 8이면 상하년, 10분의 7이면 중상년, 10분의 6이면 중중년, 10분의 5이면 중하년, 10분의 4이면 하상년, 10분의 3이면 하중년, 10분의 2이면 하하년이라고 하여, 논과 밭을 각각 등급을 나누어서 '아무 고을 논 아무 등년, 밭 아무 등년'으로써 아뢰게 하고, 결실률이 10분의 1에 미치지 아니하면 세금을 면제할 것입니다. 《세종실록》(26년 11월 13일)

그 결과 연분9등법은 앞 장 그림처럼 9개의 세율로 나누어 세금을 거두게 했지요. 여기서 주의할 점이 있어요. 연분은 개인별 논밭의 작황에 따라 정하는 것이 아니라 고을별로 정하도록 한 거예요. 세종대왕이 공법에서 가장 중점을 둔 부분이 개인별로 논밭을 조사하지 않고 세금을 거두는 것이었어요.

이 연등9분법은 약 190년 동안 시행되다가 1635년(인조 13)에 폐지되었어요. 세종대왕만큼 세금에 대한 전문 지식을 가지고 공평하게 세금을 징수하려는 왕이나 신하들이 없었으니까요. 연분9등법은 등급이 많아 복잡하고 어렵다는 이유로 중단되었어요.

그런데 연등9분법이 폐지되고 시행된 법은 연분9등법의 가장 낮은 세율인 1결에 4말(하하년)로 징수하는 아주 단순한 법이에요. 이를 '영정법'이라 하는데 전분6등법에 따라 풍흉을 고려하지 않고 1결에 무조건 4말의 세금을 징수하도록 한 거예요. 세금은 줄어든 것처럼 보이나 공평을 전혀 고려하지 않은 법으로 부자들에게 좋으나 가난한 백성에게는 도움이 되지 않는 세법이 된 것이지요.

백성에게 편리하고 공평한 세금 법

세종대왕은 새로운 공법을 만든 뒤 법에 따라 세금을 거둘 것을 명했어요.

> 내가 생각하건대, 백성에게 거두는 세금이 제한이 없으면 임금의 쓰는 것이 한정이 없다. 그 수량은 시기에 따라 알맞게 가감하며, 정한 법 이외에는 털끝만큼이라도 더 거두지 못한다. 만일 부득이한 용도가 있으면 마땅히 정한 법에 따라 남아 있는 물건은 감하고, 부족한 물건을 더할 것이다. 이렇게 하면 백성의 뜻이 정한 것이 있고, 물건의 용도가 제한이 있고, 관리의 탐오한 자가 또한 그 악한 짓을 함부로 하지 못할 것이다. 《세종실록》(28년 4월 30일)

세종대왕은 세금을 법에 따라 징수하되, 법이 정한 수량 외에는 조금도 더 거두지 못하게 했어요. 법에 따라 세금을 징수한다면 탐욕스러운 관리들이 나쁜 짓을 마음대로 할 수 없기 때문이지요. 가혹하게 세금을 거두거나 백성의 재물을 억지로 빼앗지 못하게 하여, 법에 따라 세금을 거두게 하는 것은 '백성이 행복한 나라'를 만드는 소중한 일이니까요.

심화 정보

백성을 사랑하는 세종대왕의 말, 말, 말

세종대왕은 몸이 열 개라도 모자랄 지경이었어요. 공법을 만드는 동안에도 그때그때 나라의 사정을 살폈지요. 백성이 세금으로 낼 곡식이 충분한 지를 세심하게 따졌어요. 그렇게 해서 세종대왕은 백성의 부담을 줄여 주었어요.

조선 시대에는 농사에 필요한 수리 시설이 별로 없었어요. 또한 자연재해가 끊임없이 발생해서 백성이 먹을 식량도 늘 부족했지요. 그래서 백성들은 굶주림과 질병에 시달렸어요.

세종대왕 때에도 가뭄으로 흉년이 든 해가 많았어요. 그럴 때마다 세종대왕은 스스로 자책했어요. 흉년은 임금의 탓이 아닌데도 말이지요. 그만큼 세종대왕은 굶주린 백성을 생각하는 마음이 깊었어요.

세종 : 내 들으니, '임금이 덕이 없고, 정차가 고르지 못하면, 하늘이 재앙을 보여 잘 다스리지 못함을 알린다.'고 하더라. 내가 변변하지 못한 몸으로 백성의 위에 있으면서 밝음을 비추어 주지 못하고 편안하게 해 주지 못하여, 흉년이 해마다 그치지 않는다. 백성들은 근심과 고통으로 가족과 흩어져 걸인이 되고, 창고도 텅 비어서 구제할 수 없다. 조용히 허물된 까닭을 살펴보니, 죄는 실로 나에게 있다. 마음이 아프고 낯이 없어서 어떻게 할 줄을 알지 못하겠다.

《세종실록》 (5년 4월 25일)

그래서 세종대왕은 흉년이 발생하면 다음과 같이 명했어요. 나라의 살림보다 백성의 삶을 더 신경 썼지요. 세종대왕의 마음을 이해했던 신하들도 백성을 돕는 데 나섰습니다. 세종대왕이 어떤 말을 했는지 알아볼까요?

세종 : 근래에 물난리가 난 데다 추위까지 드세니 백성들의 삶이 염려되는구나. 또 더구나 올해는 기후가 순조롭지 않아 장차 흉년이 또 들까 두렵고, 이에 대해 가슴 아프게 생각한다. 그대들은 나의 지극한 마음을 본받아 백성들을 사랑해 기르는 일에 마음을 바치라. 긴급하지 아니한 공물은 내가 이미 감면하였으니, 그대들은 시급함을 살펴서 마음을 써 처리하도록 하라.
《세종실록》 (7년 12월 8일)

세종 : 내가 백성의 삶이 궁핍한 것을 생각하여 올해의 보리와 밀밭의 세금을 면제하고자 하는데 어떠한가. (중략) 경기도, 황해도, 평안도 등은 작년에 농사를 망한 정도가 가장 심하였으니, 모두 올해의 밀, 보리에 대한 세금은 면제하라.
《세종실록》 (10년 윤4월 5일)

세종 : 여연, 강계에서 약탈당한 인민들이 비록 죽음은 면하였으나, 집을 잃고 떠돌고 있다. 내가 심히 염려하는 바이니 이들을 구할 방법을 함께 의논하여 아뢰도록 하라.

황희 등 : 말씀이 지당하옵니다. 지난해의 환곡(백성에게 봄에 세금을 꾸어 주고 가을에 이자를 붙여 거두는 것)과 올해의 세금을 모두 다 감면하고 3년에 한해 부역을 면제해 주시옵소서. 부모가 없는 어린아이는 관청에서 옷과 음식을 주고, 친족에게 기르게 하되, 만약 친족이 없으면 이웃사람으로서 재산이 있는 자로 하여금 기르도록 하옵소서.
《세종실록》 (15년 1월 13일)

4장 나라와 백성에게 이로운 세법

5장

이런저런 세금 감면법

나라에 공을 세운 사람들

다양한 방법으로 세금을 줄인 세종대왕

　조선 시대에는 태풍이나 가뭄으로 재해를 입어 먹을 식량이 부족한 경우가 많았어요. 이럴 때 가난한 백성에게 나라에서 할 수 있는 가장 큰 정책이 세금을 줄이거나 면제해 주는 것이었어요.

　세종대왕은 흉년이 들면 세금을 감면해서 가난에 시달리는 백성이 평안하게 살도록 했어요. 지금도 마찬가지이지만 조선 시대의 세금은 백성의 삶을 좌우할 만큼 매우 중요했으니까요. 세종대왕은 백성에게 항상 부역과 세금을 가볍게 하고, 적게 받아서 백성들의 생활을 넉넉하게 하라고 명했어요.

> 임금으로 있으면서 백성이 주리어 죽는다는 말을 듣고 오히려 세금을 거두는 것은 진실로 차마 못할 일이다. 하물며 지금 묵은 곡식이 이미 다 떨어졌다고 하니, 창고를 열어 곡식을 나누어 준다 해도 오히려 미치지 못할까 염려된다. 도리어 굶주린 백성에게 세금을 부담시켜서 되겠는가. 더욱이 관리를 보내어 백성의 굶주리는 상황을 살펴보게 하고서 세금을 감면해 주지 않는다면, 백성을 위하여 혜택을 줄 일이 또 무엇이 있겠는가.   《세종실록》 (1년 1월 6일)

또한 쓸모없는 땅을 일구어 논밭으로 만드는 사람에겐 세금을 감면해 주었어요. 첫해에는 세금을 전부 면제했고, 두 번째 해에는 세금을 반만 거두었어요. 이 밖에도 세종대왕은 다양한 방법을 써서 백성들의 부담을 덜어 주었어요.

나라의 모범이 되는 효자

조선 시대는 유교를 근본으로 하여 덕(개인이 갖는 도덕적 품성)으로 가르치는 것을 기본으로 삼았어요. 유교는 옛날

부모의 병 치료를 위해 자기의 손가락을 잘라 바치니 부모의 병이 곧 나았다는 내용의 그림.
《삼강행실도》〈효자도〉 중 충개단지 그림

중국 공자의 가르침에서 시작된 도덕 사상이에요. 나라에 대한 충성과 부모에 대한 효도를 중시하지요.

세종대왕은 죄를 짓는 사람에게 벌을 주기보다 세상에 효행 같은 풍습을 널리 알려 죄를 짓지 않도록 했어요. 그래서 효자에게 포상으로 세금을 줄여 주어 행실을 본받게 했지요. 1432년(세종 14년)에는 《삼강행실도》를 간행해 좋은 행실을 교육하도록 했어요.

《세종실록》에는 세종대왕이 효자에게 포상으로 세금과 부역 등을 면제해 준 내용이 많이 있어요.

삼강행실도

《삼강행실도》는 우리나라와 중국의 책에서 모범이 될 만한 충신, 효자, 열녀 이야기를 모아 판화로 찍어 만든 그림책이에요. 여기서 삼강이란 유교의 도덕에서 기본이 되는 세 가지 덕목을 말하는데, 임금과 신하(군신), 어버이와 자식(부자), 남편과 아내(부부) 사이에 마땅히 지켜야 할 도리를 가리켜요. 이를 '군위신강', '부위자강', '부의부강'이라고 해요.

한번은 이런 일이 있어요. 경기도 임강이라는 고을에 '김반'이라는 벼슬아치가 살았어요. 그는 일찍 아버지를 잃고 어머니를 지극정성으로 모셨어요. 어머니가 돌아가시자, 정성껏 예를 갖춰 장례를 치렀지요. 그는 슬픔이 어찌나 큰지 몸을 돌보지 않아서 병을 얻게 되었어요.

온 고을 사람들은 그에게 술과 고기를 권하였지만 그는 그 청을 거절하고 3년간 초막에서 살았어요. 3년 뒤 집으로 돌아가야 할 때에도, 떠나지 못하여 3일간을 울부짖었지요. 또 사당을 세워 어머니 기일이 올 때마다 이틀 동안 음식을 먹지 않았어요.

김반의 효행은 고을을 넘어 임금의 귀에까지 들어갔어요. 세종대왕은 <u>정문</u>을 세우고 세금과 부역을 면제해 주라고 명했답니다.

정문은 나라에서 풍속을 권장하기 위해 충신, 효자, 열녀 등 모범이 되는 사람을 표창하고자 그 사람이 사는 마을 입구나 집 문 앞에 세우던 붉은 문입니다.

질병을 없앨 온천을 발견하는 사람

세종대왕은 신분을 따지지 않고 백성의 아픔을 직접 보살폈어요. 죄를 지어 옥에 갇힌 죄수의 질병까지도 돌보고 치료하게 할 정도였지요.

> 감옥이란 것은 죄 있는 자를 징계하자는 것이오, 사람을 죽게 하자는 것이 본래의 목적이 아니다. 옥을 맡은 관리가 마음을 써서 관찰하지 않고 심한 추위와 찌는 더위에 사람을 가두어 두어 질병에 걸리게 하고, 혹은 추위에 떨거나 굶주려서 죽게 하는 일이 발생하니, 진실로 가련하고 민망한 일이다.
> 중앙과 지방의 관리들은 나의 지극한 뜻을 본받아 항상 깊이 생각하고 살피며 옥 안을 수리하고 쓸어서 늘 정결하게 하라. 질병 있는 죄수는 약을 주어 구호하고 치료하며, 옥바라지할 사람이 없는 자에게는 관에서 옷과 먹을 것을 주어 구호하게 하라. 그중에 마음을 써서 거행하지 않는 자는 엄격히 조사하여 다스리게 하라. 《세종실록》(7년 5월 1일)

더구나 세종대왕은 백성의 질병 치료에도 많은 뜻을 가지고 있었어요. 세종 때에는 온천을 이용해 질병을 치료하기도 했어요.

그때에는 온천이 질병을 치료하는 데 효력이 있다고 보았어요. 하지만 온천이 있는 충청도까지는 한양에서 거리가 멀어 치료하려는 사람이 오고 가기가 어려웠지요.

그래서 나라에서는 경기 지방에 온천이 있는 곳을 다시 찾게 했어요. 이를 신고한 사람에게는 후한 상을 주었어요. 또 신고한 온천이 큰 효험을 갖고 있다면 관직을 주었거나 쌀 100석을 주며, 부역을 면하게 했어요. 쌀 100석이면 그 당시 4인 가족이 10년 정도 먹을 식량이었어요.

함경도와 평안도의 이주민

조선 시대에는 다른 고장의 백성을 함경도나 평안도로 이주시키는 정책을 시행했어요. 이를 '사민정책'이라고 불러요. 인구가 많으나 토지가 적은 하삼도(충청도, 경상도, 전라도)에서 인구가 적지만 토지가 많은 서북 지방으로 농민을 강제로 이주시키는 정책이에요.

이러한 이주 정책은 대체로 나라에서 강제적으로 시행했어요. 그래서 옮기는 도중에 이탈하는 경우가 많았지요.

세종대왕은 이들의 마음을 돌리기 위해 세금을 면제하는 방법을 사용했어요.

> 평안도는 중국과 가까워서 우리 백성이 매우 드물고 적다. 하삼도의 백성들을 평안도로 옮겨 뒤에 일어날 환란에 대비하고자 한 것이 한 해가 조금 넘었다.
> 《세종실록》(11년 8월 21일)

북쪽의 국경 지역에 우리나라 백성이 적으면 외적으로부터 침입을 당하기 쉬워요. 백성들이 적으면 나라를 지킬 군사가 없어 그 지역을 다른 나라에게 빼앗길 확률도 높지요. 하지만 함경도나 평안도는 북쪽이어서 날씨가 춥고 농사도 잘 되지 않았어요.

이런 이유로 백성들은 이주하길 꺼려했습니다. 하지만 나라를 다스리는 세종대왕의 입장에선 고민이 많았지요. 북쪽 땅을 그냥 두면 언제라도 적으로부터 침략을 당할 수 있으니까요.

그래서 세종대왕은 다음과 같이 결정했어요.

만약 그곳에 들어가 살게 한다면 10년 동안 부역을 감면하고 세금도 면제하여 우대할 것을 보이면 어떨까.
《세종실록》 (11년 8월 21일)

어려운 처지에 놓인 사람들

도움이 필요한 사회적 약자

> 세종 : 환과고독은 왕이 나라를 다스림에 있어서 마땅히 불쌍히 여겨야 한다. 감사와 수령은 이들을 상세히 조사하여 곡식을 우선 나누어 주어, 그들이 집을 잃지 말게 하여라.
>
> 《세종실록》(즉위년 11월 3일)

환과고독은 홀아비와 홀어미, 고아 및 자식 없는 사람을 뜻하는 한자어입니다.

《세종실록》에는 홀아비와 홀어미, 고아 및 자식 없는 사람에 대한 기록이 많아요. 대부분 세종대왕이 어려운 사람들을 구제하고 세금을 줄여 주라는 내용이지요.

또한 세종대왕은 노인과 장애인을 사랑하는 마음으로 보살피라고 말했어요. 지금의 복지 정책과 같이 70세 이상인 자와 장애인에게는 그 자식들에게 군역을 면제시켜 돌보도록 했어요. 또 80세 이상인 자에게는 부역을 감면해 주었지요. 더구나 80세 노인에게 벼슬을 하는 아들이 있다면, 벼슬을 그만두고 부모를 봉양해야 했어요.

부모가 90살 이상이면 자식들은 부역을 면제받았어요. 물론 벼슬하는 자식이 있으면 역시 모두 돌아가서 봉양하게 했지요.

특히 엄마 없이 아버지 혼자서 10세 이하의 어린아이를 키울 경우 그 아버지의 부역을 면제해 주었어요. 세 아들 이상이 군역에 종사하는 자 또한 그 아버지의 부역을 빼 주었답니다.

전쟁 중에 죽은 병사의 가족

조선 시대엔 여진족이 북쪽 변방 지역에 침입해 약탈을 일삼았어요. 해안 지역에는 왜구(일본의 해적)들이 날뛰었지요. 조선 병사들은 침략자들을 막고자 전투를 벌였어요. 그러다 목숨을 잃기도 했지요.

세종대왕은 나라를 위해 전투하거나 방어하다 세상을 떠난 병사의 집안에 쌀과 콩을 내렸고, 그들 가정의 세금을 줄여 주었어요.

한번은 백령도까지 왜구들이 침입했어요. 이때 윤득홍, 평도전 등이 함께 공격해 물리쳤어요. 이에 세종대왕은 상으로 술과 옷 한 벌을 주었어요. 또 힘써 싸운 사람의 이름을 기록하여 올리게 했지요. 그리고 전투 중에 죽은 두 사람에게는 부의금을 보내고 해당 고을의 수령으로 하여금 장례를 치르게 하고 푯말을 세우게 했어요.

한번은 전라도에서 병사들을 태운 배가 풍랑을 만나 바다 속에 가라앉아 군사 21명이 목숨을 잃는 일이 있었어요. 세종대왕은 세상을 떠난 병사들의 가정에 쌀과 콩을 주어서 장례 비용에 쓰게 했습니다.

외적을 방어하고 성을 쌓는 백성

여진족의 침략이 점점 늘어났어요. 1433년(세종 15년) 세종대왕은 최윤덕 장군에게 병사 15,000명을 이끌고 여진족을 몰아내라고 명했어요. 또한 성을 쌓아 국가의 안보를 튼튼히 하게 했어요.

세종대왕은 북쪽 변방에 사는 백성들이 적의 침입을 막

고 성을 쌓는 데 노고가 크다는 사실을 알았어요. 그래서 1437년에는 그들에게 세금을 3분의 1을 줄여 주었어요.

세종대왕 15년(1433) 음력 1월 최윤덕 장군이 야인의 소굴인 올라산성에서 오랑캐 추장 이만주를 소탕하는 광경입니다.
〈이만주 정벌도〉 세종대왕기념사업회

왜구에 대처하는 세종대왕의 자세

왜구는 삼국 시대부터 우리나라를 지속적으로 약탈했어요. 왜구는 쉽게 말하면 왜나라(일본)에 사는 해적 무리를 뜻해요. 신라의 문무왕은 "내가 죽으면 나라를 지키는 용이 되어 왜적을 막겠으니 바다에 묻어 달라."고 했을 정도였어요.

왜구는 점차 경상도, 전라도, 충청도, 경기도의 연안으로 침략 범위를 넓히더니 때로는 황해도, 평안도까지 노략질을 했어요.

왜구의 약탈 대상은 주로 식량이었어요. 그렇지만 육지에 올라와서는 재물은 물론 우리 백성까지 잡아다 노예로 팔아넘기기까지 했어요. 이들은 돌아다니면서 조선의 마을을 파괴했어요. 뿐만 아니라 지방에서 곡식을 거두어 서울로 올려 보내는 세금을 싣고 올라가던 배를 공격하여 약탈했어요.

세종대왕은 왜구의 문제를 해결하기 위해서 이종무 장군을 보내 왜구의 본 고장인 대마도를 정벌하라고 명령했어요. 또한 왜구를 막기 위해 군사를 두어 해안을 철저히 방어하게 했어요.

세종대왕은 왜구에게 강경하게 대응했지만, 이들의 마음을 돌리기 위해 세금을 감면하는 정책을 사용했어요.

왜인들이 귀화하면 조선의 관직을 내리고 논밭과 집을 주기도 했어요. 《세종실록》에 의하면 전라도의 일정 장소에 살고 있는 왜인들에게 세금은 3년까지, 부역은 10년까지 면제해 주었다고 해요.

또한 세종대왕은 두만강 유역에

살던 여진족이 귀화해도 세금과 부역을 전부 면제해 주라고 명했어요. 그래서 세종대왕 때에는 많은 여진족이 귀화해서 우리나라의 벼슬을 받고 살았어요.

한편, 세종대왕은 조선의 바다로 고기를 잡으러 오는 왜선을 무작정 몰아내지 않았어요. 왜인들에게 고기잡이를 허락하면서 세금을 내도록 했지요.

왜인들이 탄 배는 우리나라에 위협이 될 수 있었어요. 그런데도 이를 허락한 이유는 여러 가지가 있어요.

조선에서 허락하지 않아도 왜선들은 우리나라 바다에 몰래 드나들면서 고기를 잡아갈 것이 뻔했어요. 이를 금지하고 단속하기도 만만치 않았지요.

그래서 세종 때에는 이들에게 통행증을 발급해 주었어요. 통행증이 있는 왜선은 조선에 세금을 내면서 우리나라 바다에 들어와서 고기를 잡을 수 있게 했어요.

이야기를 마무리하며

지금까지 세종대왕의 세금 이야기를 살펴보았어요. 세종대왕이 얼마나 백성을 사랑하고 깊이 생각하며 세금 법을 만들었는지를 알 수 있지요. 세계의 역사를 살펴보아도 세종대왕처럼 세법을 만드는 데 17년이나 걸린 왕은 없었어요. 또한 그 당시 세종대왕처럼 민주적이고 과학적으로 세법을 만드는 왕은 이웃 나라 중국에도 멀리 영국에도 없었어요.

그런데 지금까지 우리 어른들은 세종대왕이 만든 세금 법인 '공법'에 대해서 무관심하고 소홀히 취급하였어요. 아마도 세종대왕이 이룩한 업적이 훈민정음을 비롯해서 해시계·물시계 등 너무나 많기 때문일 거예요.

세종대왕은 "백성은 먹는 것을 하늘로 여긴다."고 말하였어요. 먹을 것이 그만큼 소중하다는 뜻이에요. 조선 시대에는 식량이 없어 굶주리는 사람이 많았어요. 심지어 배고파 죽는 사람도 있었어요. 아마 그 당시 백성들은 곡식을 해시계나 물시계보다 훨씬 소중히 여겼을 것이에요. 지금에는 밥을 먹지 않아도 빵이나 라면을 먹을 수도 있지만 그때에는 오직 밥밖에 없었어요. 그래서 세종대왕은 먹는 곡식에서 세금을 거두는 것을 그렇게 중요하게 여긴 것이에요.

여러분은 조선 시대에 만든 법전인 《경국대전》을 아나요? 《경국대전》은 조선 최고의 법전으로 500년 동안 나라를 다스리는 데 필요한 법을 모아 만든 책이에요. 이 《경국대전》 속에는 당연히 세법도 기록되어 있어요. 그런데 그 세법을 만든 왕이 누구인지 아는 사람은 많지 않아요. 바로 세종대왕이 만든 공법의 규정이 《경국대전》에 수록되어 조선의 기본이 되는 세금 법이 되었어요.

하지만 후대 왕과 신하들은 세종대왕이 만든 《경국대전》의 세법을 잘 지키지 않았어요. 왜냐하면 세종대왕이 만든 세법에 따라 세금을 거두면 좋은 논밭을 가진 양반들은 세금을 더 많이 내야 했고 관리들은 부정을 저지르며 뇌물 등을 받을 수 없게 되니까요. 재물에 욕심내는 양반 관리들은 세종대왕이 만든 '전분6등법'과 '연분9등법'의 공법이 너무 복잡하고 어렵다고 핑계를 대며 싫어했어요. 그러다 보

이야기를 마무리하며

니 공법은 법으로 규정되어 있는데 잘 지켜지지 않았어요. 법을 어긴 양반 관리들이 너무 많았답니다.

법은 잘 지키는 것은 아주 중요해요. 그래서 지금 어른들이 내는 세금 법은 세종대왕이 만든 공법보다 천 배 만 배 복잡하고 어렵지만 잘 지켜지고 있어요. 그래야 모든 국민이 공평하게 세금을 낼 수 있으니까요.

후대의 왕과 관리들이 세종대왕이 만든 세금 법을 잘 지키지 않으니, 조선 후기에는 더욱 조세가 문란해져 수많은 백성이 굶주림에 시달리다 못해 죽기까지 했어요. 땅을 많이 가진 양반들이 세금을 내지 않으니 힘없고 가난한 백성들은 더 많은 세금을 내야만 했고, 세금을 더는 낼 수 없는 백성들은 고향을 버리고 이리저리 거지처럼 떠돌며 살아야 했어요.

그래서 중국의 유명한 학자인 공자는 "세금은 호랑이보다 무섭다."고 말했어요. 사람들이 세금 때문에 죽고, 고향을 떠나야 했으니까요. 그래도 세종대왕이 만든 세금 법 중 연분9등법은 190년 동안 실시되었으며, 전분6등법은 조선이 망할 때까지 450년간 시행되었어요. 정말 오랫동안 시행되었지요. 물론 그림의 떡처럼 법으로만 남아 있고 잘 지켜지지 않았지만요. 나라를 다스리는 사람들이 세종대왕이 만든 공평하고 훌륭한 공법을 잘 지켜 세금을 거두고, 세종대왕만큼 백성을 사랑했다면 우리의 조상들은 정말 행복하게 살았을 거예요.

우리는 세종대왕이 만든 공법의 가치를 배우고 기억해 세금의 소중함을 잘 알았으면 해요.

이야기를 마무리하며

세종대왕님 세금이 뭐예요?

인쇄일 2019년 6월 5일
발행일 2019년 6월 15일

지은이 · 오기수
펴낸이 · 김순일
펴낸곳 · 미래문화사
등록번호 · 제2014-000151호
등록일자 · 1976년 10월 19일
주소 · 경기도 고양시 덕양구 고양대로 1916번길 50 스타캐슬 3동 302호
전화 · 02-715-4507 / 713-6647
팩스 · 02-713-4805
이메일 · mirae715@hanmail.net
블로그 · blog.naver.com/miraepub

ISBN 978-89-7299-506-7   73300

- 미래문화사에서 여러분의 원고를 기다립니다.
  단행본 원고를 mirae715@hanmail.net으로 보내주세요.
- 저작권법에 따라 보호받는 저작물이므로 저작권자와 출판사의 서면 동의 없이
  내용의 전부 또는 일부를 인용, 발췌하는 것을 금합니다.
- 잘못 만들어진 책은 구입하신 곳에서 바꾸어 드립니다. 책값은 뒤표지에 있습니다.

어린이제품안전특별법에 의한 제품 표시
제조자명 미래문화사 | **제조년월** 2019년 6월 | **제조국** 대한민국 | **사용연령** 5세 이상 어린이 제품
주소 및 연락처 경기도 고양시 덕양구 고양대로 1916번길 50 스타캐슬 3동 302호 | 02-715-4507